息子が生まれてすぐシングルファザーになった僕の

365日ワンオペ日記

二か月のパパ

KADOKAWA

息子が生まれて二か月で離婚しました

皆さま、家事に育児にお仕事に、お疲れさまです！

「二か月のパパ」こと、ゆうけんと申します。

僕は息子が生まれて二か月で離婚し、息子を引き取ってシングルファザーになりました。

今はワンオペで子育てに奮闘しながら、ＹｏｕＴｕｂｅチャンネル「二か月のパパ」でシングルファザーによる子育ての日々を発信しています。

「なんで離婚したの？」

「なぜシングルファザーに？」

……って、よく聞かれるんですけど（汗）。

実はもともとシングルマザーさんと結婚して息子が生まれたのですが、その間にいろいろあって、夫婦でもたくさん話し合った結果、息子が生後二か月の時にお別れすることになりました。

父親が親権と監護権の両方を持つケースは珍しいので、その理由を聞かれることも多いけど、この本やYouTubeで僕が離婚理由を語ると、やっぱり僕側からの一方的な意見になってしまいます……。

僕にも至らないところがあったと思います。

そんなわけでここでは語りませんが、**とにかく僕は男手ひとつで子どもを育てることになったのです。生後二か月の赤ちゃんを……。**

これが、もう本当に大変で！

30代の男（今はもう40代です）には、初めて知ることばかり。

びっくりしたり、戸惑ったり、悩んだり、泣きたくなったりすることの連続です。

でも、毎日子どもと向き合って暮らしていると、楽しいことやうれしいことも多くて。

KADOKAWAさんから出版のお話をいただいた時には、この体験を皆さんにお伝えしたい！　世の中のひとり親家庭の親御さん（特にシングルファザー）とつながりたいという思いから、ありがたくお受けした次第です。

おうちゃんが3歳になる前に実家を出るぜ！

息子の旺騎《おうき》（あだ名は、おうちゃん）は、2019年8月生まれ。

離婚当初はやはり僕1人で面倒を見るのは大変だったので、しばらく僕の実家で高齢の両親と同居して三人四脚で子育てしていました。

当時の僕は、三交代勤務の24時間対応のコールセンター管理職でした。

朝番・早番（7時〜16時・9時〜18時）、遅番（14時〜23時）、夜勤（22時〜7時）があって、シフト制でそれぞれ均等に割り振られていました。遅番や夜勤の時は、やっぱりおうきと一晩中一緒には過ごせません。

だから両親と同居して、僕が不在の間には、両親におうきの世話や寝かしつけ、添い寝を頼んでいたのです。

でも、父も母も、当時すでに70代。

父は定年退職していたけど、嘱託の職員として務めていて夕方まで仕事があったので、平日は男2人がいない分、どうしても母に多くのことを頼む結果になってしまいました。

0歳から1歳って、子育てで一番手のかかる時期ですよね。

授乳もオムツ替えも一日中やらなきゃいけないし、沐浴も大変だし、面倒を見ている間はちゃんと睡眠をとることもできません。

何かあったら大変なので、面倒を見ている人は常に赤ちゃんに注意を払う必要があります。

こんな手のかかる月齢の子の世話を両親に頼むのは、やっぱり良くないよなぁ……。

仕事から帰宅し、すっかり疲れきった様子の母とバトンタッチしながら、僕は次第にそんなふうに思うようになりました。

それに、僕もそろそろ40代。この年で実家に助けてもらっていることに不甲斐なさも感じていました。

このまま実家暮らしをしていたら、僕の親としての自覚が薄れてしまうかもしれない。今後の子育てにも責任感を持てなくなるかもしれないという思いもあったのです。

そこで、僕は自立を目指すことにしました。

少しずつ貯金をして、おうきが3歳になるまでに実家を出て、**息子と僕の2人生活を始めよう！**　と決意したのです。

3歳になれば、おうきも物事の分別がそれなりについてくるだろうし、きっと2人の生活も何とかなるだろう……そんな楽観的な思いもありました。

その後、金銭面を考えて、2020年12月から副業としてYouTubeの動画配信を始めました。

その副業が予想外にうまくいったこともあって、**おうきが2歳半の時に実家を出て、2人暮らしを始めたのです。**

管理職だった仕事も辞め、派遣としてコールセンターに勤務しています。

生後八か月から実家近くの保育園に通っていたおうきは、2歳半で家を引っ越したことで転園になり、3歳半から幼保連携型の幼稚園（こども園）に入りました。

ここは夜まで預かり保育もしてもらえるので、僕としては「さ、バリバリ仕事するぞ！」と目論んでいたのですが、そううまくもいかず……。

2年弱過ごした保育園で一緒だったお友だちと離れてしまったこともあって、最初の頃は毎朝、**「行きたくない〜!」**と言う息子を園に連れて行くのもひと苦労でした。

パパがお仕事で忙しい時は、預かり保育だからね、と伝えると、預かり保育に仲のいいお友だちが来ないと言って、「いやぁ〜!」とめちゃくちゃ嫌がるおうき……。

「息子が園に慣れるまで、しょうがないか〜」と思っていたら、もう半年が経過しているではありませんか……。

そんなわけで、息子は今日も14時に帰ってきます!(キリッ)

パパ、副業のためYouTubeを始める

離婚前は共働きで支え合えたけど、離婚後は僕の収入でやっていかなければいけません。

それに、シングルで子どもを育てていると子どものために早く帰らなければならず、残業もできないので、残念ながら管理職は諦めなければいけませんでした。

残業できないってことは、もちろん収入も減ってしまうわけで……！

そこで、とりあえずすぐにできる副業を考えてみました。

当時の僕の勤務状況から条件を考えてみると、

- **勤務時間は不規則**
- **おうきが寝た後に2、3時間ほどの余裕がある**
- **家でやれる仕事がいい**
- **パソコンを持っている**
- **僕は動画やYouTubeが大好き！**

……となれば、動画編集しかないんじゃない!? と思ったわけです。

当時は、動画編集の仕事がネットでたくさん募集されていたのです。

そこで、最初はその練習のために、おうきを撮った動画を編集してみました。

普段の息子と僕（時々は僕の両親も）との日常を撮影した素材を動画ソフトで編集して、僕自身のツッコミや心の声をテロップにして入れたのです。

完全に独学で、試行錯誤しながらつくっていたのですが、これが意外と楽しい！

苦労しながら1週間後に完成した動画を見ているうちに、心底からふつふつと湧い

てきたのです。

「これ、悪くないんじゃない？」って。

すみません、自画自賛です（汗）。でも、初投稿は緊張しましたね〜。

ただ、シングルファザーってかなりレアな存在です。

毎日ジタバタしている育児奮闘記を発信してみたら、同じシングルファザーやひとり親の仲間たちと喜怒哀楽を分かち合えるんじゃないかという思いもありました。


僕も両親以外に子育ての相談相手はほとんどいないし、ママ友もパパ友もゼロ（涙）。

だから、誰かと「子育てあるある」を共有した〜い！

ひとり親同士、悩みや不安を共有してみた〜い！　と思ったわけです。


ならば、むしろ僕がそれを発信する立場になれば、同じような悩みを持つさまざまな親たちとつながることができるんじゃなかろうか？

そうなれば、僕自身の悩みや不安も解決できるチャンスがあるし、ちょっとでも見てくれる人たちの支えになれるんじゃないかな〜……なんて思ったのです。

すると、**びっくりするほどたくさんの方々が動画を見てくださった**のです！

そして、応援のコメントもたくさん！

それが何よりうれしく、その後も動画をアップしていくうちに、僕も慣れてきました。

運よく1本目で収益化できるようになり、いつしか本業と変わらないお金を稼ぐことが可能に。

その状態を半年ほどつづけられたので、思い切って管理職の仕事をやめ、ＹｏｕＴｕｂｅをメインの仕事に、コールセンターのオペレーター（派遣社員）を副業にしたのです。

ただし、今はＹｏｕＴｕｂｅの収益だけで生活できていますが、**金銭的にそれほど余裕があるわけではないし、常にこの先はどうなるかわからないというプレッシャーもあります。**

でも、今は息子がまだ小さいので、自宅で仕事ができて子育てに柔軟に対応可能なことが何よりうれしく、しばらくはこの生活をつづけるつもりです。

我が家のワンオペ・キツいランキングを発表します

僕が実家から離れ、完全ワンオペになって約2年が経ちました。
突然ですが、育児のワンオペでキツいことのトップ3はこんな感じです。

第3位：終わりなき家事・仕事・育児を同時にこなす

夏休みの目標に、小学生の頃は遊びと勉強の両立、中学生の頃は部活と勉強の両立なんて書いていたのが懐かしい。

部活でグラウンドの外周を走ることに限界を感じていた当時の僕に言いたい。**大人になったら3つこなすことになるよー。そしてどれもゴールはないよー、と……（遠い目）。**

そんなマルチタスク必須の家事のなかでも重要な料理のサイクル化に成功したお話もします。

第2位：子どもの病気で突然無人島生活（自宅待機）になる

謎の高熱、インフルエンザに喘息、通院、さらには入院、特にノロウイルスは地獄！

おうきが心配という気疲れと寝不足、疲労のなかうつってしまった絶望感。治ったおうきは超元気に絡んでくるという状況にめまいが襲ってきたものです。

回復するためにはご飯を食べて清潔にしなきゃ、と料理、洗濯をこなす日々。何とか治り安心するも、自宅待機というしんどい1週間が始まります。

土日を含めると、10日間誰とも会わないのが珍しくありませんでした（めっちゃキツい）。


神様、仏様、ウイルス様、今年こそはお手柔らかにお願いします……。

第1位：自分の時間がないーーーー！

そりゃそうですよね。親は僕1人ですから（笑）。

わずかな時間のテレビはいつでも仮面ライダーや戦隊モノ、子ども向けYouTubeばかり。

僕も昔はヒーローになる夢を持っていましたが、今は映画館に行って、自分の好きな映画をたくさん観るのが僕の小さい夢です。

いつでも行けるだろうと思っていましたが、実家や保育園に預けた時、映画の楽しみより申し訳なさが勝ってしまい、なんか行けない！

やることがある時は、おうきがいる間も仕事をしていますが、敵がいつ戦いごっこを仕掛けてくるかわからず、油断大敵です。

仕事に集中したいのに、「ヒーローハラスメント」をしてくるので、メンタルもペースも崩されます。

そこで、息子を園に送り出した後（5時間くらい）と、息子の就寝後（2、3時間）に仕事をしています。

しつけもルーティン化。妥協したら自分が詰みます

ワンオペ育児中は、仕事や自分の時間をつくるのもひと苦労。時間がないなかでも、しつけはストイックに行います。

自分の朝の着替え、ハンカチとティッシュの選定、帰宅後ジャンパーをかけて、手を洗い、僕に園からのお便りを渡すことなど。僕が洗濯を始めたらおうきも干す、という行動も2歳から教えていました。

今では食器を片付けてくれます。料理を手伝ってとかお風呂掃除して、とまではさすがに言いません（笑）。

大人が着替えや片付けを手伝う方がはるかに早いし、ストレスも最小限で済みます。**しかし、そのわずかな時間がちりのように積もればしつけもできる！　です。**

うまくいかない時は、あっさり諦めて次の日にまた教えていました。

一日一日、少しずつ丁寧に教えることでおうきは覚えていきました。できたら褒めて、**できなかったら諦める。簡単なしつけです。**

今はできなくてもしかたがない、2歳だからいいかと妥協していると、将来の僕の時間

がどんどん削られて、詰みます。ここはしっかりやっていきます。

すぐに覚える賢い子もいるでしょうが、おうきは何回も積み重ねてできるようになりました。しつけをやりつづけたからこそ、おうきのなかでも日常のルーティン化ができて、言わなくてもできるようになりましたし。

早めのしつけは、ワンオペには必須です。

今は大変かもしれませんが、2年後、心もラクになりますのでおすすめです。ただしこの後出てくるマナーのしつけにはご注意を（僕が赤っ恥かきます）。

こんなふうに大変な日々ですが、ハプニングもいろいろ起こりつつも、何とか乗り越えながら2人で楽しく生活しています。

この本では、そんな様子がお伝えできればいいなと思っています。

赤裸々なことばかりですが、シングルファザーのリアルな日常を通して、「アホやな～」「うちも同じだわ」と笑っていただけたらうれしいです。

そして、僕と同じような境遇にある方がいたら、この本を通して少しでも共感でつながることができれば、僕はとってもうれしいです。

CONTENTS

第1章 ハプニングだらけな愛息子との日常

第2章 保育園&幼稚園ですったもんだ

第3章 「イベント」も「遊び」もガチでやるぜよ

第4章 ああ無情……パパも食らうよ風邪地獄

第5章 弁当づくりも日々の食事も全力でこなすぜ

第6章 おしゃれは封印!? 我が家のお金事情

STAFF
ブックデザイン　krran
イラスト　マコカワイ
編集協力　真田晴美
DTP　アイハブ
校正　ぷれす

第1章

ハプニングだらけな愛息子との日常

母乳が出ない分、いっぱいミルクを飲ませるぜ！

僕は母乳が出ない。

これが、息子が0歳の時の僕の悩みでした。

おうき、僕の胸をよく触ってきたんです。しかも、その胸元で「チュパチュパチュパ」と音を立てて唇を吸っていて。

ああ、必死でおっぱいを探して、エアーチュパチュパしてミルクを催促しているんだね……。


おうきには、生後二か月までは母乳と粉ミルクを混合であげていました。

でも、そこから突然、哺乳瓶だけの生活になったのです。それまで慣れ親しんでいた母乳がなくなって、おうきも混乱していたのかもしれません。

そんな息子を見ていたら、母乳の出ない自分が情けなく、悲しくなりました。

ごめんな、おうちゃん。

その分、たくさんミルクをあげるからね。いっぱい飲むんだよ！

そう思って気合を入れて哺乳瓶を与えるも、おうきはミルクを飲みながら**僕の胸にちっちゃな手を当てて、ひたすらモミモミモミ……。**

こんなに赤ちゃんにとって必要不可欠

で、幸せを感じていたものを奪ってしまったんだと思うと、せつない気持ちになりました。

そんな息子をかわいそうに思った僕はある日、哺乳瓶の底の部分を自分の胸に押し当てて、母親のおっぱいと同じ角度にして飲ませてみました。

すると、美味しそうに目を閉じて飲み始めたのです。

「これはいける！」

僕は調子に乗って、今度は哺乳瓶を持つ息子の手をそっと僕の二の腕に誘導して、もませてみました。

胸よりも、たるんだ二の腕の方がずっと柔らかかったから。

中年男の二の腕のぷにぷにを、どうぞ心ゆくまで堪能しておくれ！

でも、おうきにはピンと来なかったみたい……。

「これじゃない」感いっぱいの息子の真顔は忘れられません。

うん、全然違ったよね、ごめん。張りがあってぬくもりのあるおっぱいがいいよね。僕もそうだよ……。

って、何を赤ちゃんに言ってんだ僕！

結局、僕にできたのは、「たくさん飲めよ」「大きくなれよ」「大丈夫だよ」と優しく話しかけながら、息子が満足できるまでミルクをあげることでした。

0歳の時は、こんなふうに、どうしたらこの子が満足できるんだろう、どうしたら心地よく過ごしてくれるだろうと悩みながら、いろいろ工夫しては試していた日々でした。

やっぱり息子にかわいそうなことしたなと不憫に思う気持ちや、ちょっと後ろめたいという部分があったのです。

そのおかげか（?）、おうきはミルクをよく飲んでくれました。

その姿もまたかわいくて、愛おしくて。

小さな息子が必死でミルクを飲む姿を見ていたら、「僕がいなければ、この子は死んじゃうんだ」と泣けてきてしょうがないこともありました。

ささやかな母性本能のようなものが、母乳の出ない僕にも芽生えてきたのかもしれません。

寝かしつけで「安定の」ノイローゼになりました

赤ちゃんの頃のおうきは、なかなか寝ない子でした。

20時頃、眠そうになってきたおうきに添い寝して、体をさすり始めます。

もう少しで寝そうな感じだったのに、そこからなかなか寝ついてくれない息子。

そのうちヒクヒクヒクと泣き始めるので、僕も背中をさすりながら、「ねんねん、ころぉりよ、おこぉろりよ〜♪　坊やはよい子だ、ねんねしな〜♪」と定番の子守唄をぎこちなく歌ってみたりして……（この先はよく知らないため、このパートを延々繰り返す）。

それでも、おうきはまだ寝てくれません。

しかたないので、次は抱っこしてゆらゆら揺らしながらあやします。

ようやく目を閉じて静かになったところで布団に下ろそうとしたら……おうきの両目がくわっと開いて「ギャー！」。

……もうガッカリです。

それに、僕たち大人が寝落ちすると、必ず泣いて起こす息子。

「僕が寝るまで、先に寝るのは許さない！」ってことか。なるほど。

こんな状態がループして、毎晩、寝かしつけに2時間以上はかかっていました。

しかも、突然の夜泣きで夜中に起こされ

るのも、ほぼ毎晩。

環境が変わったから?
アトピーがあったから、痒いのか?
いや、やっぱり母乳が出ないからか?

などと、いろいろ原因を考えてみたけど、とにかく何をしても寝てくれないし、夜泣きも多く、ゆっくり休むこともできませんでした。
特に息子が0歳の頃の僕は三交代勤務制で夜勤もあり、週に2回程度の夜勤の時は母に任せていました。
朝、僕が夜勤から帰ってきて交代する時には母はもうフラフラで、これは昨晩も相当夜泣きしたんだろうなぁと、すぐに推察できるほどのやつれ具合。

母よ、すまん……。

そんな母には寝室で休んでもらって、夜勤明けの僕が交代しておうきの面倒を見ます。

でも夜勤明けの体に、元気いっぱいの赤ちゃんはヘビィすぎる〜！

その日の夜の出勤までに少しは寝ておきたいので、おうきが昼寝した時に僕も一緒に寝ようと思ったら、今度は「黄昏《たそがれ》泣き」が始まるのです……。

黄昏泣きとは、生後数か月の赤ちゃんが夕方から夜にかけて激しく泣くことで、おうきは二か月目から夕方になるとものすごい勢いで泣いていました。

泣き声には慣れていたけど、疲れがたまっている時や眠い時に激しく泣かれると、僕もさすがに精神的に参ってしまいました。

それにしても、**赤ちゃんって、寝かせるだけでこんなに大変なの？**

これが「子育てあるある」だとしたら、世の中の親たちってすごいんだなぁ。そんな敬意を感じる一方で、こんな生活がずっとつづくのかと思うと気が遠くなりました。

親が育児ノイローゼになるのも、よーくわかります。

結局、おうきは体をさすってあげるのが一番落ち着いたみたいです。おしゃぶりをくわえさせて体を優しくさすってあげると、眠れるようになりました。

授乳しながら寝かせるママさんも多いみたいですが、やっぱり口の中におっぱいがある感じが、赤ちゃんの安心感につながるのかもしれませんね。

おっぱいのないパパとしては悲しかったけど。

でも、そんな息子も、2歳までにおしゃぶりを卒業し、今はよく寝てくれています。

今でも寝かしつけ中に僕が寝落ちしそうになると「パパ起きて」と起こされるし、目を開けているのに「目、ちゃんと開けてて」と怒られるけど（パパはおうきより目が小さいのよ！）。

今は夜中に目が覚めても僕がいることを確認したら、またスッと眠りに入っていきます。

寝惚《ねぼ》けながらも、僕を探している健気なおうきです。

パパ、つかまり立ち、しゃべり始めを見逃す

我が子が初めて立つ瞬間。それを見届けるのは、まさに親冥利に尽きると言えましょう。

僕は小さな息子を抱っこしながら、この子はいつ立つのかと楽しみにしていました。

そんなある日、帰宅した僕が玄関を開けると、父と母がダダダッとすごい勢いで駆け寄ってきました。

初めての光景に戸惑っていると、父が高らかに言いました。

「おうちゃん、立ったぞ〜!」

「えええええ〜〜〜!!」

予想もしていなかった言葉に靴を脱ぐのももどかしく、慌てておうきの元に走ります。

両親も、おうきのつかまり立ちを僕に見せようと、おうきに「ほら、立って！」「パパに見せてあげて！」とせっつきます。

すると息子はローテーブルをつかんで、すっくと立ち上がるではないですか！

「おおー！　おうちゃんが、立った!!」

大人たちは拍手喝采して大喜びです。

周囲のリクエストに応えて、しっかり結果を出す男、おうちゃん。

我が子ながらすごいヤツ。

心なしか、その顔にもデキる男の自信のようなものが漂っています。


……ただ、おうきの立ち上がり方が、妙に安定しているのが少し気になりました。

初めてのつかまり立ちの僕のイメージは、生まれたての小鹿。か細い足をプルプルさせながら、不安そうな顔でこわごわと立ち上がる息子を「がんばれ！」「もう少しだ！」と励ます自分を想定していたのですが……。

これは何度も練習させられたな（笑）。

それに、僕はちょっとした悔しさも感じていました。

なぜなら、おうきが立ち上がった、その瞬間をこの目で見られなかったから。

やっぱり外で働いていると、そういう瞬間に立ち会うのは難しいのかもしれません。

それからしばらく経った、ある日。帰宅した僕が玄関を開けると、父と母がダダダっとすごい勢いで駆け寄ってきました。

ん？　この光景はどこかで見たことが……。するとは母が高らかに言いました。

「おうちゃん、しゃべったよ～！」

「えええええええええ！！！」

まさか！　大事な我が子のつかまり立ちだけでなく、初のおしゃべりまで見逃すとは、つくづく不運な男よ（笑）。しかも息子が初めて口にした言葉は「パパ」。

おうきの初「パパ」……ぜひこの耳で聞きたかった！

そんな僕を気遣って、父も母もおうきに「パパって言ってごらん」「ほら、パパ帰ってきたよ」と一生懸命言わせようとしてくれるのですが、おうきはポカンとしたまま。

僕も、「パパだよ～」と話しかけてみたけれど、おうきが反応してくれることはなく、「本当にしゃべったの？」「聞き間違いじゃない？」とクールな父親を装っていました。

でも、周囲の期待に応える男は、やってくれました。

その後、みんなで夕食を摂っている時、突然おうきが言ったんです。

「ぱぁぱぁ」って。僕を見つめながら。

これは、確実に僕のことを認識して発している！

いや～、うれしかった……。しゃべり始めじゃないけど、そんなことはどうでもいいと思うくらい、感動しました！

「そう、パパね！　パパ！　パパ！　パパ！」

あまりのうれしさに、恥ずかしいほどパパを連呼してしまった僕でした。

トイレトレーニングでまさかのリバウンド！

2歳11か月からトイレトレーニングを始めた息子。保育園の2歳児クラスになった頃「そろそろ始めましょう」の雰囲気になってきました。

いよいよトイトレか……。でも、どうすればいいんだろう。

まずは、かねてよりおうきの憧れだったドラえもんのパンツを買ってきて、目の前に広げ「さあ、どれはく？　パンツってカッコいいよな〜」とパンツ生活に誘います。

「これがいい！」と、すぐにパンツを手にとるおうき（ちょろいぜ）。

成功したら貼るアンパンマンのトイトレシールも入手して、準備はバッチリ

です。そして、試しにおうきを補助便座の上に座らせてみたら、ほどなく「チロチロチロ」。

……え、できちゃった？

こんなに簡単にできるとはびっくりです。おうきも、誇らしげな顔でアンパンマンシールを台紙に貼っています。

こうして、おしっこは案外すぐにできるようになりました。

始めて一か月くらいは順調に進み、ひょっとしたらこのままずぐ終わっちゃうんじゃないかと思っていたぐらいです。

が、僕たちの前に立ちはだかったのは、うんちの壁（想像注意）。

「したくなったら、パパに教えてね」「オムツじゃないよ、パンツだからね」と何度も言い聞かせていたのですが、どうしても、大きい方がトイレでできません。

１人でこっそりトイレに行って「してないってば。あっち行って！」と僕を遠ざけながら、突っ立ったまま半泣きでリキんでいる、おうき。やってしまった……。

その後の「ごめんなさい……」の小さな声もせつなかったな……。

そのうち、やっぱりオムツがいいと言い出して泣くようになってしまいました。

ああ、まさかのリバウンド！

おしっこができたんだから、大の方もできるだろうってパパは期待して、つい焦らせてしまったのです。


当時は賃貸物件に引っ越した直後だったので、無理してパンツにしておもらしされるのも怖い、でも本人のためにはくやらせた方がいいんじゃないか……と僕も迷っていました。ただ、やはり息子のことを考えたら、ゆっくりやらせた方がいいと思うようになりました。


焦らない。慌てない。本人の気持ちに寄り添おう。

途中からそう方向転換して気楽にやらせていたら、いつの間にかできるようになっていました。結局、半年もかかっちゃいましたが。


だけど、こういうのはやっぱり人それぞれですよね。

周りでも、パッと終わらせちゃう子もいたし、4歳でまだトレーニング中の子もいます。

僕なりにゆっくりトイトレをさせてみましたが、その間はいろいろ大変なこともありつつ、息子の成長を共有できて楽しかったです。

……っていうのは、終わってから思えたことですが（笑）。

急に真顔になるの、やめてもらえます？

僕には前から気になっていることがあります。**それは、おうきが急に真顔になること。**


たとえば、絵本を読み聞かせている時。

「だ・る・ま・さ・ん・が〜」「どてっ！」

「だ・る・ま・さ・ん・が〜」「ぷしゅーっ！」

幼児界で絶大な人気を誇る『だるまさん』シリーズ（ブロンズ新社　作・かがくい　ひろしさん）を、やや照れながらも大げさな抑揚をつけて読み聞かせてあげると、1歳のおう

きはケラケラ、キャッキャ言いながら喜んでくれています。

飽きもせずに何度も笑ってくれるおうきの声を聞いているだけで、こっちまで幸せな気分になってきます。

僕もうれしくなってテンションを上げていき、絵本はいよいよクライマックスに。

「だ・る・ま・さ・ん・が〜」「びろーん!」

すると、おうきはスン……と無言になり、表情が「無」に。

ん、どうした?

「びろーん!」

もう一度押してみるも、**あんなにニコニコだったおうきが、無の顔になっ**

ている！

一緒に遊んでいる時も、笑い転げていた次の瞬間、おうきが急に真顔になることがあります。**キャッキャッキャ、スン……。**そして、ほんのり冷めた視線。

あのスンって、一体なんなの⁉

「もう一回！」ってさんざんキャッキャしていたのに、突然「え……何やってんのこの人」みたいになるの、ほんとにやめてほしい。

まあ、確かに僕もちょっと明るくふるまっていた部分はあると思います。

僕、ＹｏｕＴｕｂｅを見返していて、自分ってちょっと暗いかもって思って、あえて明るくしていた部分はありました。

がんばってテンション上げて、はしゃいでいた自分。でも、そんな自分をおうきは見透かしていたのかと思うと、モーレツな恥ずかしさが込み上げてきました……。

「パパ、そこまで無理しなくていいから」とか思っていたりして……。

自分ではわかっていなかったけど、僕ってそんなにウザかったんだろうか。

……パパの悩みは尽きません。

とにかく時間が足りない！ 問題

結婚していた頃の僕は、10年ほど勤めていたコールセンターで管理職として働いていました。**でもシングルファザーになってからは、管理職をつづけていくのが難しいという問題にぶつかってしまいました。**

会社はパパの育休取得の意識が薄く、提案もされませんでした。

その会社では夜勤もあったので、夜勤時は両親に子育てを任せることになり、2人に重い負担をかけているんじゃないかと心配だったのです。

途中からは、会社にかけあって夜勤のシフトを減らしてもらうようにしましたけど、その分収入が下がったし、何より現場やほかの管理職の方々に迷惑をかけているような気がして、いつも申し訳ない気持ちでいっぱいでした。

また、育児のために残業もできなくなったし、スキルアップのためのセミナーなどにも参加できなくなりました。 昇進に必要な資格の勉強や、パソコンの勉強をする時間もなかなか取れなくなって。

そもそも、**管理職になると責任も重くなるのに、仕事を最優先できない状況**でした。

そのため、徐々にこの会社で管理職として育児と仕事を両立していくのは、体力的にも金銭的にもキツいと思うように……。

そこでYouTubeの副業を始め、軌道に乗ったあと派遣社員になって別の会社へ移ったのです。

特に今はYouTubeに力を入れています。

そんな僕の現在の一日は、だいたいこんな感じです。

6時半：起床
7時：朝食づくり（月曜日は弁当づくりも）、おうきを起こす
7時半：2人で食べる
8時過ぎ：幼稚園送り
9時：帰宅、仕事開始（集中するぞ！）
14時：仕事終わり、おうきが幼稚園から帰ってくる
15時：おうきを連れて公園や買い物へ
16時：帰宅、家事
16時半：夕食づくり、家事
18時：ご飯
19時：お風呂
20時半：寝かしつけ
21時：一緒に寝たふりをしてから仕事、寝落ちは年に2回くらい
1時：就寝

本当なら、幼稚園には預かり保育もついているので、17時頃まで園にいてくれたら仕事

や家事ができるのですが、最近ではおうきが預かり保育を嫌がることが多いので、緊急の仕事がない限りは幼稚園だけで帰ってきます。

だから、おうきが家にいる間にいろいろな家事をこなさなきゃいけません。

たとえば、洗濯や掃除、部屋の片付け、買い物、食事づくり、さらに各種支払いやゴミ出しなど。

さらに、**細かくて目立たない「名もなき家事」の数々……。**

一つひとつはちょっとしたことですが、こういうのが積み重なると意外と大変ですよね。はあ、家事ってなんでこんなにやることが多いんだろう!?

それだけじゃなくて、子どものリクエストに応えて一緒に遊んだり、絵本を読み聞かせたり、おもちゃを一緒に片付けたり、一緒にお風呂に入ったり、トイレトレーニングをしたり、トイレの世話をしたり……。

息子を寝かしつけた後にようやく自分の時間ができるのですが、パソコンに顔をうずめて爆睡しちゃっている日も多いです。年か？（笑）

休めない日曜日は、休日じゃないでしょう

僕は家で仕事をしているので、平日も休日も関係なく、とにかく隙間時間を見つけては働いています。

週末も公園に遊ばせに行かなきゃいけないし、もちろんご飯づくりもあります。

だから当然、土曜日も日曜日も休めません。自分の観たい映画も観に行けないし、自分の買い物も長い間、していません。何より、好きなサッカー観戦もずっとできていない。

あれ、休日ってなんだっけ……？

自分の髪は、もう考えることすら面倒くさくて放置。伸びっぱなしです（笑）。YouTubeに出ているのに髪ボサボサのままっていう日もあります（それでいいんかい！）。

正直、夫婦で子育てをしている人が羨ましいと思うことはよくあります。

休日、どちらかが子どもの面倒を見ている間に髪を切りに行ったり、買い物に行ったりできるのはいいなと思うけれど、まあ、これぱっかりはしかたがない。

今通っている幼稚園では土曜日にも預かり保育があって、仕事や用事がある日は子どもを預かってもらえるのですが、忙しそうな保育士さんたちを見ていると、何だか申し訳ないという気持ちになってしまいます。

そんなの気にしないで預けてくださいねと言ってくださるんですが、もともとの性分なのか、どうしても気になってしまう。

在宅ワーカーのジレンマもあるかもしれません。

外に働きに出ていたら、その間は子どもを預けざるを得ないけど、家で仕事をしていると、今日は預けなくても何とかなるかな、なんて思ってしまうんです。実際には子どもが家にいたら、まったく仕事になんてならないんですけどね……。

仕事はしなければいけないけど、息子とも一緒に過ごしたい。

小学生になって友だち同士で遊ぶようになるその日を夢見て、毎日ジタバタしながら過ごしています。

イヤイヤ期、どこに地雷があるかわからない〜!

おうきが2歳3か月の頃。我が息子にも、ついにやって来ました。
噂には聞いていたけど、これが例の「魔の2歳児」というやつか……。
そう、イヤイヤ期です!

僕が水道の蛇口を閉めただけで、「おうちゃんがやりたかったぁ!」と泣く。
リモコンを操作しただけで、「ダメェ!」と怒る。
大好きだった納豆をすすめたら、プイッ! と顔を背けてしまう。
保育園に行くのも嫌だけど、迎えに来られるのも嫌、全部嫌!!

とにかく何でも自分でやりたがるし、わけのわからないタイミングで泣き出すし、これまでＯＫだったのに急にイヤイヤってなるし……。

メンヘラこじらせ男子か、というぐらい気まぐれが激しい2歳児でした。

特にこの時期は、どこに地雷があるのかわからないことが多いのも面倒でした。

僕もなるべくおうきの気持ちには寄り添いたいと思っていたけど、**イヤイヤがつづいて困るのは、何をやるにも時間がかかること。**

とりわけ朝は、保育園に行く準備で忙しいのに、食事の時の椅子を自分で置きたかったとか、自分でフォークを取りたかったとか、そうかと思えばパパにやってほしかったとか、ご飯を食べたくないとか……。

とにかくいろいろなことで揉めていると、どんどん時間がなくなってしまいます。

だから、常におうきの「イヤイヤ発動」を予測して、とにかく早め早めに行動して時間の余裕を持っておくことが大事。

やっぱり時間がなくなると、こっちもイライラしてくるので、先に準備を整えて気長に

付き合うようにしていました。

それから、考えてみたら、僕が長年のコールセンター勤務で培ってきた、

・お客さんの理不尽なクレームから、自分の感情を引き離す
・傾聴→共感→感謝→提案→解決→謝罪の流れをルーティン化する
・とにかく相手の話を聞きながら、妥協点を見つけていく

などのクレーム対応力も、もしかしたら少しは役に立っていたのかもしれません。

この仕事をやめた今でも、**まずは相手の話をゆっくり聞いてみよう**という気持ちは、いつも保つようにしています。

そして、いきなり叱らないで話を聞くと、おうきの気も多少は済むのか、「やりたい、やりたい」と騒いでいたことも数分後にはすっかり興味を失って、どうでもいい扱いになることも多いです。

あの～、さっきまでの情熱は一体どこへ？　と、思うほどの切り替えの早さ。

でも、やっぱり時間の余裕があると、子どものイヤイヤも笑って受け止められるようになるんですよね。

自分で靴下を履けるくせに「履けな～い！」と甘えてくるおうきに、「いや、昨日は履けたのに、今日は履けないんか～～い！」とツッコんでいるうちに、おうきの理不尽なイヤイヤも漫才のボケに思えてくるから不思議です。

やっぱり時間の余裕って大事ですよね。

ただ、蛇口から水を出しただけでギャン泣きされた時は、さすがに「ええ～～」と脱力しましたけどね。

4歳の壁! 急にできなくなるの、なんでやねん!

そんな息子、イヤイヤ期が落ち着いたと思ったら、4歳になった頃から、なぜかよく泣くようになり、僕の母が心配するようになりました。

加えて、それまでできていたのに「できな〜い」と言い出すことも多くなって、僕も不思議に思っていました。

それまで自分で着替えていたのに、1人で着替えられなくなったり、片付けを嫌がるようになったり、昨日まで食べていたものも急に食べなくなったり、ご飯の時に突然お行儀が悪くなったり。

それまでできてたのに、急にできなくなるの、なんでやねん!

調べてみると、これはどうやら**「4歳の壁」**というものらしい。

いろいろな情報源からまとめると、子どもって4歳頃になると、体や脳や心の発達によって「今」しか見られなかったのが「過去」や「未来」を考えられるようになったり、自分中心だった思考から周りの様子が気になるようになってきて、どうしたらいいのかわからなくなったり、気持ちが不安定になったりすることがあるそうです。

また、外からの情報と自分の感情をうまく処理することができなくて混乱したり、自分の思い通りにならないことがあると拗《す》ねちゃったりするのも、この時期によくあることらしい。

そんな時に大人に頭ごなしに叱られて、自分の気持ちが理解してもらえないって感じると、不満を抱いてしまって叱られた後にむくれてしまうことがあるんだとか。

確かに、それまでにない態度を取られて、最初は僕もびっくりしてしまいました。

「またイヤイヤ期か？」「もう反抗期？」って思ってしまったことも。

でも、これは子どもの成長の証で、ものわかりが良くなって賢くなればなるほど、それ

を拒否する自分が出てくるし、なかには戸惑いや癇癪《かんしゃく》を抱えて、プチ思春期みたいになっちゃう子もいるみたいです。

ものわかりが良くなって賢くなったのにまたイヤイヤになるなんて、親としては「もう、どうすればいいねん！」って感じですけど、**最近ではこれも成長の過程だと前向きに捉えてもいいんじゃないかと思うように**なりました。

では、この時期の子どもにはどう接したらいいのか。

僕は普段から「がんばれ～！　できるぞ」と地道に声をかけるようにしています。

これ食べられない、と言われた時も頭ご

なしに怒らず、「昨日食べられたよ、大丈夫だよ」と言って励まし、**様子を見ていて無理そうだと思ったら、「今日はダメなんだね」と言って食べなくていいと伝えています。**

そうしたら、次の日には難なく食べられたりして。

とにかく応援して支えつつ、時には甘えも受け止めるという感じです。

おうきが癇癪を起こして泣いたら、「悔しかったね」とか「悲しいね。泣いちゃったね」と声をかけて、なるべく気持ちに寄り添うように。

それから、「そのテレビが終わったら、お風呂に入るからね」とか「これ食べたら、次はこれ食べよう」とか「おしっこ行ったら、パジャマ着てもう寝るよ」というように「何々をしてから何々をしようね」と声をかけて、次の行動を促すようにしています。

それもバーッと言われるとやりたくなくなると思うので、あまり急《せ》かさないように気をつけながら……。

そんな話を母にしたら、その1週間後に母からメールが来ました。

「そういえば思い出した。4歳の頃、あんたもそうだったわ」って。ご迷惑をおかけしました……。

「パパだけ」攻撃するのは腑に落ちないんですけど？

以前、YouTubeの視聴者さんから「イライラして声を荒らげることはないんですか？」と聞かれたことがあります。

考えてみたけど、ありません。というか、子どもと接すれば接するほどなくなったという方が適当かも。感情的になることもなくなり、無です。

あれ、これってどこかで聞いた「スン」ですね。

コールセンターで鍛えられた部分もあると思いますが、毎日息子に接している保護者は僕しかいないから、慎重になっています。

フォローや逃げ道をつくってやるって本当に大事です。幼い頃は特に叱るとその子の素直さもふさぎ込んでしまうと思っています。

実家で同居していた頃は、おうきが小さい時にやってはいけないことは、主に僕の母が注意してくれて、父がフォロー役にまわっていました。


おうきがもう少し大きくなると、僕自身が親としての自覚を持つようになり、割と厳しく注意するようになりました。

その分、父と母がフォロー役にまわるようになりました。

それもあるのか、おうきは優しい父と母が大好きです。

特に父は、優しくフォローしてくれるパターンが多いですね。母にも甘えまくっているおうきです。


自立後は僕1人でやっているので、ほかにフォローしてくれる人がいません。

だから基本的に、叱るタイミングを見極めています。**厳しく叱った後に急に優しくするのも良くないので、叱らなきゃいけない時にはしっかり叱るという感じです。**

たとえば脱いだ靴や出した物を片付けるよう注意したり、食事中に歩かないように叱ったり。やはり4歳になったこともあって、前より厳しく注意するようになりました。

それから、買い物ではいろいろとおねだりされることがわかっているので、最初から「今日はガチャ行かないよ」「今日はお菓子買わないよ」と言っておくこともあります。

そうすると、おうきもあまり言い張ることはありません。**やはり成長とともに、ものわかりが良くなってきたのかな。**

そういえば、おうきも男の子らしくなってきたので、お友だちを叩いたりキックしたりしちゃいけないことは、日頃から口酸っぱく注意するようになりました。

特におうきのお気に入りは仮面ライダーや戦隊モノです。だから、家でもよく「変身、トォッ！」と言って、僕に勢いよくキックしてきます。これが結構、痛くて凹む……。

ただ、これを幼稚園でやったら大変なので、

「おお、すごいな！　でもこれパパにはいいけど、お友だちには絶対やっちゃダメだゾ！」

とすぐ注意。すると、

「うん、パパだけ！　トォッ！」

と、さらに僕を攻撃してくる息子。あれ？　ちょっと待って、やっぱ腹立つ……。

ゴミ出しで号泣されます

朝、おうきがまだ寝ているのをこっそり確認したら、僕はゴミ袋を持って玄関に立って呼吸を整え、音を立てないように鍵を開けます。

そして静かにドアを開き、また静かにドアを閉めて鍵をかけたら、**10軒くらい先のゴミ置き場まで、ゴミ袋を抱えて猛ダッシュ！**

途中、「おお、がんばってるね！」と声をかけてくれるご近所さんの声にも足を止めることなく「おはようございます！」と言いながら、風のように駆け抜けます。我が家の事情を知ってくれているので、この切迫した状況もわかってくれているはず。

いよいよ折り返し地点、ゴミ置き場にゴミ袋を置くと一気にターンして我が家へ！　新

記録達成か⁉︎

家に着くと、静かに鍵を開けて入り、何事もなかったかのようにキッチンに戻る僕。

今日も無事にミッション（ゴミ出し）クリアです。

歩けば5分、走れば2分のゴミ置き場。

近くて遠い、ゴミ置き場。

最初はおうきと一緒に行っていたんですけど、毎回、時間がかかってしまって。保育園に行く前に寄っていこうとすると、「おうちゃんが持つ！」と言いながら結局持てなかったり、寄り道したりで、着くまでに10分以上かかってしまいます。

もうちょっと早く行きたいと思って、息子が寝ている間に僕だけでさっと行くようにしてみました。

しかし家に帰ってきたら、**家の中からギャンギャン泣いている声が**……ヤバい！

慌てて家に入ると、おうきが2階の寝室から降りてきて1階で泣いていました。

当時、おうきは2歳半。やっぱり2歳の子どもが1人にされるのは怖かったのでしょう。

自分だけ置いていかれたと思ったようです。

平謝りしながら抱っこしてなだめましたが、しばらく号泣されて大変でした。

家で2人でかくれんぼをした時も、僕がかくれていたら途中で不安になったおうきに泣かれてしまったことがあります。

この頃は実家を出て引っ越した後で、それまでは父と母が家にいたから、1人になることに慣れていなかったみたいです。

たとえ2分でも、1人にするのはやっぱり良くないな。

そう反省して、その後はまたおうきと一緒にゴミ捨てに行くようになりました。

最近はゴミ出しを理解し留守番したり、力がついてきて、小さなゴミ袋や軽い雑誌などを持って急いで運んでくれたりするようになりました。

それでも、やっぱり歩くのが遅いので1人で行くより時間はかかりますが、おうきにお手伝いしてもらう時間だと思うようにしています。

近所の方には、ほんと助けられてます……

僕たちがこの地に引っ越してきてから、約2年。

全国的にも父子家庭は珍しいし、僕が出勤していないこともあって、引っ越した当初はご近所さんのところにご挨拶しに行き、我が家の事情をお話ししました。

するとその後、バーベキューに誘っていただいたり、「何かあったらすぐピンポンしてね」と言ってくださったり、ご自宅で栽培している野菜や、お菓子をいただいたり。

とても親切な方が多くて、びっくりしています。

それから、うちには庭があるのですが、庭を整備する余裕もなく草ボウボウのままにしていたら、ある日、お隣の方が草むしりしてくださっていて。
本当にありがたかったです。

僕たちの住む北海道の冬恒例の雪かきでも、驚いたことがありました。
大雪が降った日は、玄関から出られないくらい雪で埋まります。
そういう時は決死の覚悟をして雪かきスコップで雪をかき分けながら進んでいきます。

そこにおうきの雪かきやらせてハラスメント、うまく雪を持ち上げられなくて悔し泣きの声が石焼芋の移動販売のスピーカーに劣らぬ音量で早朝の町内に響き、気まずさでいっぱいになります。

そんな真冬のある大雪の朝、玄関を開けてみたら家の前に雪がないのです。
びっくりしてお隣さん家に走り、聞いてみました。

「もしかしてこれ、やってくださったんですか!?」

「いやぁ、どうだったかな〜（照）」

「え〜！　ありがとうございます!!（泣きそう）」

「いやいやいや、だって忙しいっしょ！」


なんとイキなお返事でしょうか。そして、なんて親切なお方でしょうか！

確かにおうきと一緒に庭仕事や雪かきをするのは楽しい反面、一体何万年かかるんだろうっていうくらい時間がかかるんですよね。

本当に、ご近所さんたちにはいつも助けていただいて、感謝しかありません。

ワンオペでの「買い物」は難易度高し！

ワンオペの難関ミッション、それは買い物——。

いろいろな物が溢れる店内で、子どもは常にチョロチョロしちゃうし、自分が気になる商品や雑貨などを見ようとしても、子どもがほかのお客さんに迷惑をかけたり、物を落としたりしないかといったことが気になって、ゆっくり買い物もできません。

だから、大型ショッピング施設などで夫婦と子どもで買い物をしている家族を見ると、羨ましくなります。

親のどちらかが子どもとゲーセンで遊んであげて、その間にもう一方が買い物とか、本当に羨ましくて夢のようです。羨ましすぎて見ているのが辛くなるので、**買い物が済んだらとっとと帰ります**（せつない）。

特に大変なのは、大型ショッピング施設のフードコートです。

おうきはフードコートに寄りたがるのですが、我が家では大人1人が子どもを見て、もう1人がご飯を取りに行くっていうことができません。

混雑したフードコートで一瞬でも子どもから目を離したら、迷子になるリスクも、子ども連れ去りの恐怖もあります。

だから、席を確保するのも子どもと一緒、長い行列に並ぶのも一緒、トイレまでずっと一緒。まったく気を抜けないから、フードコートではストレスしかない!!

ただ面白いことに、スーパーや公共の乗り物では、なぜかしょっちゅう年配の女性に話しかけられます。

この間も、息子とバスに乗っていたら、「小さい子ってかわいいけど、面倒見るのは大変よね」としきりに話しかけてくるおばあさんが。

僕の周りには、ママさんとおうきと同年齢のお子さん、隣にパパさんとおうきより少し大きめのお子さんがいたのですが、話しかけられたのはなぜか僕だけ。おうきもまったく騒いでいなかったので、「なんで僕にだけ同情?」と思っていたのですが、もしかしたら、育児って結構センシティブな部分があるので、**同性の女性より男性の方が話しかけやすかったのかもしれません。**

そもそも女性の方が、普段から子どもとも長い時間向き合っていて、育児のこともよく調べているイメージがありますよね。

だから、「大変よね」の一言も気軽には言いづらい。

でも、僕のようにぼーっとした男性は、あまり育児のことはわかっていないと思われて、いろいろ話しかけてくださったのかもしれない、と。なるほど当たっている。

いや、お気持ちはとてもありがたいし、実際、小さな子と買い物に行くのは大変ですし、こっちもそれに乗っていろいろ話しちゃうんですけどね。

そんなふうに、全然知らない方と子育ての苦労を共有するのは、僕にとっても少しほっこりできる時間です。

知らない方と子育ての苦労を共有するといえば、僕も、お店で子どもを見ているパパさんにはつい目がいってしまいます。

抱っこひもで子どもを抱っこしながら、両手に重そうな荷物を持って買い物をしている男性を見ると、「僕も昔はそうだったよな……」と遠い目になります。

そして、

「大変なこともあるけど、お互いがんばろうぜ！」

って心のなかで熱いエールを送ったりして。

そしたら、そこに合流する女性の姿が。

なんだ、ママさんが一緒だったんかい！

1人で勝手に連帯感を抱いて、1人で勝手に疎外感を覚える日曜日の午後でした。

やっぱり、とっとと帰ろ（笑）。

おうちゃんは芸能人？

そういえば、ＹｏｕＴｕｂｅで動画を配信するようになってから、街中で話しかけられることが増えました。

お店で「あ、おうちゃんだ！」と声をかけてくださる方もいますし、なかには、「子どももおうちゃんの動画大好きで、親子で応援してます！」って言ってくださる方も。

病院の小児科の看護師さんも呼びかけてくださることがあって。これはほんとにうれしい……。

最近では、買い物に行くと必ず２、３人の方に声をかけていただけるくらいです。

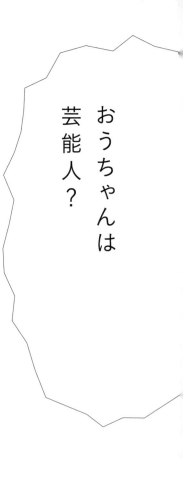

でも、最初の頃の僕は「なんで知ってるんですか!?」と驚いてばかりでした。それに、「いつも見てます!」「がんばってください!」なんて言われて、僕は思っちゃったのです。

これって、芸能人が言われるやつじゃないの!? と。

最初は人見知りだったおうきも、次第に慣れてきて、声をかけていただいたら、「こんにちはー!」と元気に応じられるようになりました。

特にコロナ禍が明けてからは、「ハイタッチさせてください」とか「一緒に写真撮っていいですか」みたいなリクエストもちらほらいただくようになって、**僕たちも有名になったもんだ……と感慨に耽《ふけ》っていました。**

でも、ある日おうきを両親に預けて僕が1人で買い物に行った時、ハタと気づいたんです。

誰1人、僕には声をかけてこないことに。

考えてみると、ハイタッチしてほしい、一緒に写真を撮りたいというのは全部おうきへのリクエストで、僕がお願いされたことは一回もありませんでした。

声をかけられていたのは、僕じゃなくておうちゃんだったか——！

自分も動画に映ってるから、自分も有名人になったつもりだったなんて……恥ずかしすぎる〜！

それから、最近気づいたんですが、おうきって声をかけていただいた女性やお友だちのママさん、女性の保育士さんにはニコニコ優しく応じるのに、お友だちのパパさんなどの男性にはつれないんですよね。

この前も、予防接種を受ける前に怖くて泣いていたおうき。なだめてくれる女性の看護師さんに、涙で潤んだ目で「優しくして〜」と訴えたら、看護師さんもニコニコ笑顔で「うん、優しくするよ♡」とか答えていて。

その甘いやり取り、なんやねん！

そんなおうき、僕にも時々投げキッスをしてくれます。
おうきの大好物の焼きそばやアイスを出した時に、
「パパ、ありがと。チュッ」
って言いながら投げキッス。

ねえ、どこで覚えたの、それ。
幼稚園で女子にやりまくってない？？

いろいろツッこみたくなったけど、我が子に投げキッスされて、ちょっとうれしくなったパパでした。

第2章
保育園&幼稚園ですったもんだ

保育園が決まるもギャン泣きする息子

息子が集団生活を始めたのは、生後八か月。当時住んでいた両親の実家から少し距離がある保育園の0歳児クラスに、おうきの入園が決まりました。

最初の数日間は短時間預けて様子を見る「慣らし保育」から始めるのが普通ですけど、諸々の事情でいきなり初日からフルで預けることになってしまいました。

初の登園日。朝早く起きて、おうきと一緒にバスに乗り込み、保育園に向かいます。

朝7時半前に保育園に到着。

さて、どうなることやら……。

事前に保育園から説明を聞いていた通りに登園し、対応してくれた保育士さんにいざ、

「よろしくお願いします」

と言って、抱っこしたおうきを預けると、**おうきの顔がみるみる歪んで、**

ギャー!!

悲鳴に近い号泣が周囲に響き渡ります。

うわぁ、これはどうしたらいいんだ……初っ端からメンタル攻撃を食らって慌てる僕。

「大丈夫ですよー。お父さんはそのまま帰られていいですよー」

僕の動揺と反対に、慣れた手つきでおう

きを揺すりながら、何でもないことのように笑顔で伝える保育士さん。

もう、こんな状況は何百回と経験してきたんだろうな……さすがだ。

そんな保育士さんの笑顔に勇気をもらった僕はさっと踵《きびす》を返し、心を奮い立たせて玄関に向かいます。僕は事前にネットで学習して知っていました。

ここでは、けっして振り返ってはいけないということを。

親は子どもを預けたら秒で消えるのが、子どものためにも、面倒を見る保育士さんのためにも一番いいのだということを。


おうき、パパは行くからな。会社という戦場へ。


しかし、振り返ってはいけないと言われたら、振り返ってしまうのが人間の性《さが》。そんな神話もありましたよね。もうちょっとのところでつい振り返ってしまって、悲劇の結末に叩き落とされる主人公たち……僕も振り返ってしまいました。

でも、さすが保育士さんは百戦錬磨です。

僕とおうきの目を合わせないよう、おうきを抱っこしながらサーッと小走りで奥に消えていきました。

どんどんフェードアウトしていく、おうきの泣き声……。

それからの8時間の長かったこと、長かったこと。

仕事に行ってからも上の空で、時計を見ては「今頃ミルク飲んでるかな」「しっかりお昼寝できてるかな」と、不安でいてもたってもいられません。

もちろん仕事どころではないし、時間が経つのがもどかしくて、もどかしくて。

夕方になり、速攻で仕事を片付けてダッシュで保育園に駆けつけたら、ニコニコ顔で出迎えてくれたおうき。

「おうき、どうでした!?」

「あ、まったく大丈夫でしたよ！」

僕を励ますように軽い口調で教えてくれる保育士さん。

僕がいなくなった後、すぐに泣き止んで遊び始めたとのこと。

「皆さん心配されるんですけど、意外と子どもの方が大丈夫なんですよーふふふ（笑）」

「そうですか、僕の方はずっと大変でした。ははは（ダメだ！　保育士さんには勝てないっ）」

おうきが一気に人生の先輩に見えた保育園初日でした。

保育園イヤイヤ！で大苦戦

生後八か月から保育園に行き始めたおうきは、徐々に園に慣れてきて、お友だちもたくさんできました。

そうかと思いきや、2歳半頃から保育園に行きたくないという日も出てきて。実家を出た後はその傾向が強くなり、朝「おばあちゃんちに行きたい！」と言い張って、なかなか保育園に行こうとしないこともありました。

母がうちに遊びに来てくれた翌日や、実家で遊んでご飯を食べた日の翌日は特にそうです。

やっぱり実家から出て、父や母と離れたのが寂しかったのかな。

そう思うと、僕もなかなか強くは言えません。

でも、僕も仕事をしなければいけないので、心を鬼にして保育園に連れて行きます。

そして、おうきが早く帰りたいだろうとダッシュでお迎えに行くと、今度は帰りたくないと言って泣くのです。

「もっと遊びたかった〜！　パパ、まだ来なくてよかったのにぃ」

いやいやいや、どっちだよ！

保育士さんが促してくれて、ようやく帰路につくおうきでした。

行きはイヤイヤ、帰りもイヤイヤ。

子どもって忙しいな……。

特に、2歳半頃は一体なんだったんだと思うくらい、苦戦した時期でした。

男同士のハグも、いいもんよ

「子どもを抱っこばかりしてたら、１人で寝られなくなるって言うよ」

「抱きグセがついて良くないいんじゃない？」

両親と同居していた頃、そんなふうに言われたことがありました。

僕自身も、泣くたびに子どもを抱っこしていたら、甘えん坊になってしまうような気がしていました。


でも、常に子育てが不安だった僕は、時間さえあれば図書館や書店で育児本を読み漁り、ネットで子育て情報を検索しまくっていました。

そこで知った現代の子育ての考え方は、**抱っこをしても抱きグセはつかないし、むしろたくさん抱っこしてあげた方がいい**、というもの。

抱っこされると、子どもは自分が守られていると感じて安心して過ごせるので、抱っこをしなくても泣かなくなることが多いそうです（ただし、親が疲れてしまうなら無理する必要はないとのこと）。

また、親が抱っこを拒否しつづけた子どもは泣くことを諦め、結果的にどんなことにも諦めがちな性格になってしまうという説もありました。

昔と今では、子育ての常識や考え方もかなり変わってきているんですね。

そして、ある本にはこう書いてありました。


「子どもが泣いたら、いっぱいハグしてあげましょう」


ハグか……。

赤ちゃんを抱っこするならわかるけど、ハグは、中年男には少しハードルが高い。どのタイミングでやったらいいのかも、よくわからないし。

そう思って敬遠していたのですが、ある日、保育園にお迎えに来ていたあるママさんが、ぐずって泣いている子どもをハグしている場面を目撃。泣いている子をギューッと包み込むように力強くハグしていたママさんは、まるで聖母のよう。ぐずっていた子どもも徐々に落ち着いてきました。

おお、これがハグの力か！

何だか神々しい母子の光景に影響されて、僕に謎の対抗心が芽生えてきました。

よーし、パパも負けていられない。父子のハグも見せてあげよう。

ちょうど近くで遊んでいたおうきと目が合ったので、僕は両手を大きく広げ、満面の笑みで「おいで！」のポーズ。

するとおうきのヤツ、**僕の腕をバシッとはねのけて、保育士さんのところに逃げていった**ではないですか……。

なぜ～!?

まあ、きっとおうきも急すぎて恥ずかしかったんだろう。

「シャイなヤツめ」と独り言を口にしながら、今のシーンを誰かに見られていなかったかと周りを確認してしまった僕でした。

でも、その後もおうきが泣いたり、ぐずったり、どこかに体をぶつけたりした時にハグするようにしていたら、おうきもだんだん慣れてきました。

今ではギューッと体を抱いてあげると、スッと落ち着くように。

就寝前も必ず一回はギューッと抱きしめます。

それだけじゃなくて、最近はふと「この子がいなくなったらどうしよう」と怖くなって、思わず強く抱きしめてしまうことがあります。

あまりに大切すぎて、失うのが怖い。

子どもを持って初めて、僕はそんな感情を知ったのでした。

「幼保連携型の幼稚園」へ移りました！

2022年の春先、おうき2歳半。僕たちは実家を出て、新居に引っ越しました。それまで通っていた保育園は遠くなったものの、何とかバスで通っていたのですが、ある日、自治体から連絡が。

「来期の4月から転園してください」

えええ〜！

市の調整で、転園しなければいけないというのです。でも、市の担当者と話をしてみたら、次の通園先を紹介してくれるということで、かなりほっとしました。

そこで紹介されたのは、幼保連携型の幼稚園（こども園）。幼稚園だけど預かり保育がついていて、通っている子の半数くらいは利用しているとのこと。

英語やダンスなどの習いごともやらせてもらえるということもあって、そこに転園することにしました。


でも、気になるのは、やっぱり息子の気持ちです。

0歳以来バブバブと親交を深めた昔からのお友だちや、僕の戦友でもある保育士さんの包容力に癒やされていたであろうおうき。

「今度、お兄ちゃんのクラスになるんだ!」と皆で一緒に3歳児クラスにあがることを楽しみにしていたおうき。

そんな場所から我が子を引き離すことに、とても申し訳ない気持ちになります。

でも、転園しなければ……。僕は意を決して、おうきに話しました。


「おうちゃん、市の調整で保育園に行けなくなっちゃうんだ」

「???」

そりゃそうだ。2歳の子が市の調整なんて言われてわかるわけない(笑)。

「おうちゃんは違う保育園に行くんだよ」と言い直すと、「やったー!」。

あ、これもわかってないな。

そこで、今の保育園から新しい園に移らなければいけないこと。

でも、新しい園には大きな滑り台もあって、すごく広い園だということ。

そんな情報をなるべく前向きに伝えると、おうきもやっと理解してくれました。


保育園のお友だちとのお別れは寂しかったものの、翌年の春から年少さんとして無事に幼稚園に入ったおうき。

とても大きな園で、それまでの保育園の4倍くらい園児がいるため、おうきも初めは圧倒されていましたが、少しずつ慣れていきました。

保育園と幼稚園を兼ねているので、学校のような側面も強く、お勉強の時間もあります。外国人の先生が教えてくれる英語のクラスやジャズダンスのクラス、サッカークラブなども人気です。

当然、それまでの保育園に比べて難しいこともたくさんあるようです。

そこで出てきたのが、園に行きたくない病（またこれ）……。

「おばあちゃんちに行きたい〜!」というおうきをなだめつつ、何とか制服に着替えさせて、園バスに送り出す毎日が始まったのでした。

パパがいなくてめちゃくちゃ寂しい「園イベント」

新しい園は保育園と違うところも多く、おうきが戸惑うこともあったようです。僕もまた、入園前から幼稚園の洗礼を受けることに……。

それは入園説明会でした。

その日の僕は、説明会の開始時間ぎりぎりに園に到着（開始時間まで絶対に気まずいと予想していたので・笑）。説明会が行われる広い体育館に入っていくと、ちょうど説明会が始まるところでした。

僕は会場の後ろの片隅で立ち見できればいいと思っていたのに、先生が僕を見るなり、

「お父さん、こちらへどうぞ！」

案内されたのは、ステージ前の正面の席でした。

先生、余計なことしなくていいですから‼

妙な注目を浴びながらステージ前の席に向かう途中、パッと見ると、ずらりと並べられた椅子に座っているのは女性ばかり。ママしかいません。後から確認してみたら、150人くらいのママに対して、パパらしき男性は僕を含めて3人しかいませんでした。

ママ150人vsパパ3人。パパ、圧倒的敗北。

入園後に行われた懇親会はもっと強烈でした。

懇親会は親子でダンスを一緒に踊ったり、親子でゲームしたりする親子のレクリエーションイベントなのですが、この日のパパは10人（夫婦で参加）。

ママ60人vsパパ10人。逆に話しかけづらい（笑）。

考えすぎだと思うかもしれませんが、ママが来るのが前提の雰囲気を感じたらやっぱり気まずいです（笑）。

だから、園のイベントには憂鬱《ゆううつ》になりますが、こういうイベントに僕が行かなければ、おうきは先生とペアを組むことになります。

やっぱりそれもかわいそうで、僕は心を無にして参加しています。

入園式や運動会にはもちろんパパの参加率も高まるのですが、共働き家庭がほとんどだった保育園に比べると、やはり説明会や懇親会などに来られるのはママさんが多くなります。

もう一つ、大変だったのは茶話会です。これは親同士の懇親会で、子どもを園に送り出した後の10時頃から、園にお茶やお菓子を持ち寄っておしゃべりする集まりです。

ママ30人に対して、パパはやっぱり僕1人。パパがんばりました……。

僕がなぜその茶話会に参加したかというと、以前子どもをその園に通わせていた友だちの奥さんから「あの茶話会には絶対に参加しといた方がいいよ」と言われていたからです。

そこで、情報交換する知り合いやママ友ができるのだそうです。

確かにそれは行っておいた方がいいなと思って、茶話会ではママさんたちとも仲良くお話ししましたが、さすがに男性の僕が、しかもシングルの僕がママさんたちとＬＩＮＥ交換するのはちょっと違うだろうと考えて遠慮しました。

そんなわけで、僕にはまだママ友もパパ友もいません……。

……ああ、パパ友がほしい！

不器用男が散策用のバッグをつくってみた結果

園児のいる朝は慌ただしい。

今の園では水筒、タオル、着替え、着替え袋、お手拭き、箸、スプーン、フォーク、帽子など毎朝持っていく物がたくさんあって、保育園よりも手間がかかります。

それに、散策用のバッグとか、お米の袋を使った「米ソリ」(↑北海道あるある)とか、保護者が自分でつくって子どもに持たせなきゃいけない物もあります。

散策用バッグはお散歩中に拾ったどんぐりを入れるための袋で、フリーザーバッグの上部2か所にパンチで穴を開けて手芸の紐を通して、フリーザーバッグの中で結んだら完成です。

100均とホームセンターで材料を揃えて、いざスタート！

でも考えてみれば、こういう工作は大の苦手だった不器用男の僕（小学校の自由研究ではリコーダーでちびまる子ちゃんの曲をドヤ顔で吹いたりしてお茶を濁してきました）。

結局、1時間以上も悪戦苦闘することに……。「僕もやりた〜い」と周りをチョロチョロしていたおうきが早々に飽きてくれて助かった（笑）。

ようやく完成したバッグに、おうきがシールを貼って、できあがりです。

米ソリは、お米の入っていた袋に段ボール板などを入れて持ち手の紐をガムテープでつけたもの。これもかなり時間がかかりました。

ゼッケン貼りなどもあるので、手芸セットは一応揃えてある我が家。

でも、幼稚園からは次に何を依頼されるんだろうって、ドキドキです。

もしかしたら、ちゃんと対応できるかどうか、園は親を試しているのかも！

そこは不器用でもやりますよ。1人だけ持たされていないおうきを想像すると「自分、不器用ですから」では終われない（笑）。

ついに聞かれた！「ママ、どこ？」問題

それはおうきが3歳半の時でした。

おうきが突然聞いてきたのです。「ママ、どこ？」って。

ついに、この時がやって来てしまいました。


僕が離婚したのは、息子が0歳の時です。

元妻にはそれ以来一度も会っていないので、おうきは母親の存在をまったく知りません。

物事を考えられる年齢になった時、目の前にいた大人は、僕と父と母の3人。

でも、保育園や幼稚園に通うなかで、「ママ」に触れる機会はたくさんあります。

お友だちにはママが迎えに来るのに、どうしてうちはパパだけなの？

いつかは絶対、その問題にぶち当たります。それは僕も覚悟していました。

だから、**おうきから「ママ」について聞かれたらどう答えようか**、僕なりにいろいろ考えていたのですが……。


ある夜、夕食の時に僕がふと幼稚園がどうだったかと聞くと、

「ママ、いっぱい迎えに来てた」

と、おうきが話してくれました。

その流れのまま、おうきが不意に発したのです。

「ママ、どこ？」


突然の衝撃に、僕は自分の感情を整理することができず、うまく答えられませんでした。

そこで、その場ではうやむやにして何とかごまかしました。

ところが、その夜は寝かしつけをしても、おうきはなかなか寝ついてくれません。しかも、何だかずっともじもじしています。

そして、また僕に聞いてきたのです。

「おうきのママ、どこ?」

「ママ、いない?」


夕食の時間に「ママ」の言葉を出してから、ずっと聞きたかったんだろうな。

意を決して、僕は答えました。

一つひとつ言葉を選びながら、慎重に。


「ママがお迎えに来るお友だちもいっぱいいるけど、おうきには、パパ。ママパパ」

「ママは、いないんだよ。でもパパがいるから、大丈夫」


するとおうき、「そっか」と、案外あっけらかんとしています。

僕のつたない言葉を3歳半なりに察して、わかったふりをしてくれているのかもしれない。僕は申し訳ない気持ちでいっぱいになりました。何かもう一言、付け加えなければ。

「だから、これからも2人で、がんばるぞー!」

とっさに出てきたのは、そんな言葉でした。

がんばるって、何を？

おうきにそう聞かれたら、僕はきっと何も答えられなかったはず。

でも、それは聞かずに、おうきは僕に乗ってくれました。

「がんばるぞー！」


僕も明るい声でつづけます。

「負けないぞ。おー！」

「負けないぞ。おー！」


そして最後に2人で「楽しむぞー！」と言い合うと、「えへへ」と照れくさそうに笑いながら寝ている僕の上に乗っかって甘えてきた、おうき。


その確かな重みとぬくもりが、僕の心をじんわり溶かしていきます。

この子もそうでありますように。そう願いながら、僕は息子をかたく抱きつづけました。


この問題は、これで終わりではありません。

おうきも成長するにつれて世の中がわかってきて、自分の母親という存在について考える機会も増えてくるはずです。
もしかしたら、園や学校でお友だちから何か言われるかもしれません。
もしかしたら、もうすでに何か言われているかもしれません（今のところ、先生からそういう話は聞いていませんが）。

他人から何かを聞く前に、おうきの様子を見ながら、しっかり伝えようと思っています。

僕が離婚して、シングルファザーになったこと。
世の中には、いろいろなかたちの家庭があること。
パパにとって何より大切なのは、おうちゃんであるということ。
そして、どんな時も全身でおうちゃんを支えつづけるということ。

その時の年齢や状況によって、息子が抱く感情は、今とはまた違ってくるはずです。

その感情に寄り添いつづけることが、僕の仕事。

それがどんなに難しいことでも。

第3章

「イベント」も「遊び」もガチでやるぜよ

公園のハシゴはデフォルトです（僕だけ？）

14時過ぎ。おうきが園バスで帰ってくる時間です。たとえ仕事や用事で出かけていても、必ずこの時間に間に合うように帰ってこなければいけません。

園の後は公園に遊ばせに行きます。**なぜなら、おうきのエネルギーを存分に使わせるため。**

昼間のうちにいっぱい遊ばせて体力を使わせておくと、夜すぐに寝てくれるのです。それに、40代になった自分の体を意識的に動かしたいということもあります。

行き帰りの徒歩（おうきは三輪車です）を含めて、1、2時間子どもと公園で遊ぶと、結構いい運動になるのです。

ただし、一つ問題が。

それは、平日の公園はママ率が高くて、男の自分には居心地が悪いということ。

ママさんたちが子どもたちを遊ばせて井戸端会議をしている光景もよく見ますが、その近くで僕みたいな男が平日の昼間から子どもと遊んでいるのって、どうなんだろう、と。

一応そういう公園で遊ぶ時には、周りにいる方たちに「こんにちは〜」とご挨拶します。するとママさんたちは一瞬の間を置いた後、皆で声を合わせて「こんにちは〜」。

え、今の一瞬の間ってなんですか……。

そして、その後は何とも気まずい雰囲気に……。

たまに、お互いの子どもについて「いくつですか?」なんてやり取りを交わすこともあるけど、そんなに会話がつづくわけでもなし。

公園の親同士の微妙な空気、かなり苦手です。

だから、僕はよく公園をハシゴしてます。

おうきのお気に入りは、枝豆みたいな滑り台やクライミングできる壁がある公園ですが、人が増えてきたら「あ、お友だちがいっぱいになってきたよ。ほかの公園に行ってみようか」と逃げるようにほかの公園に移動し、そっちの公園でも人が増えてきたら、ほかの公園に移動して……。

家の周りにはいくつか公園があるので、人が少ないところを探して、**毎日3つか4つの公園をハシゴしまくってます。**

おうきもそれに慣れているのか、ぐずることもなく僕のハシゴに付き合ってくれています（ほんとは公園のハシゴより、ハシゴ酒がしたいぜ！）。

ただ、週末はパパ率が高いので、僕も安心して遊ばせています。

でも、おうきが4歳を迎えた頃から、僕も少しずつ、他人の目が気にならなくなってきました。

以前はシングルファザーということに負い目があり、平日の昼間に、いい年をした男が子どもと遊んでいることを周りから白い目で見られるんじゃないかと気にしていたけど、僕の子育ても5年目に入り、少しは自信のようなものがついてきたのかもしれません。

いや、**経験値が増えて単に図太くなっただけ**なのかもしれないけど。

最近では、三輪車にもだいぶ慣れてきたおうき。愛車をスイスイ走らせて、近隣の公園を回ります。

冬は、それがソリに代わるのが、北海道ならでは。冬の間、自転車が使えない雪国では、ソリは自転車代わりの便利な運搬手段なのです。

通りのあちこちで、ソリに小さい子を乗せて引っ張っているママさんやパパさんの姿が。

我が家も公園でソリ遊びをした後は、おうきや買い物の荷物を乗せて運びます。遊び疲れている身には、これがしんどくて。

疲れてグダ〜ッとなっているおうきと、重くなった買い物袋を乗せて運んでいると、**古代ピラミッド建設中の石を運びつづける奴隷の気持ち**になってきます。

それに追い討ちをかける、おうきの無邪気な声。

「パパ、もっと速く！　いけ〜、走れ〜！」

もう勘弁して！

プレゼントにあげたピンポン球で、まさかの誤算

奴隷といえば……おうきがピンポン球にハマった時もそうでした。

僕の父の趣味が卓球なので、実家にはたくさんのピンポン球があるのですが、ピンポン球をフローリングの床に落とした時の「こつ、こつ、こつ」という音が、当時赤ちゃんだったおうきのツボにハマってしまったのです。

投げては喜び、投げては喜びの無限ループ。

放っておいたら、一日中遊んでしまうくらいハマっていたおうき。

当然、そんな孫にデレデレ状態の父。うれしそうに、ずっとおうきに付き合っています。

僕もついピンポン球にアンパンマンの絵を描いてあげたりして。

それを見たおうきは、また大喜びです。


でも、ピンポン球は直径4㎝。

そして赤ちゃんといえば、何でもお口に入れてみたいお年頃。

何か手に持ったなと思ったら次の瞬間には口の中に入っている！

おうきも、やっぱりピンポン球を口に入れようとし始めました。だから、常に誰かが目を光らせてなきゃいけません。


それに加えて、ピンポン球の音も気になってきました。

1個だけでなくて、いっぺんに何個も投げて遊ぶものだから、「こつ、こつ、こつ」が大合唱になって結構な騒音です。

しかも、夜勤明けの僕が寝ている部屋の隣で大騒ぎしている、おうきと父……。

正直、これは地味に辛かったです。


さらに、当時はおうきが小さかったので、どうしてもピンポン球を投げ散らかしたまま

になってしまい、片付けるのは僕と父の役割になりました。
とにかくたくさんのピンポン球があるので、遊び終わった部屋はボールプール状態。
これを黙々と片付ける毎日は、やっぱり奴隷状態。

そこで、僕はピンポン球とは違うボールを買ってあげることにしました。
ポンポンはねるものを見るのも、遊ぶのも好きなおうき。
だったら、もっと大きなボールがいいだろう。

よーし、おうちゃんへの初めてのプレゼントだ！

早速、おもちゃ売り場でアンパンマン、ドキンちゃん、ばいきんまんの顔が描かれたボールを買ってくると、おうきはこれまで見たことがないほど幸福感に満ちた表情で大喜び。

そして、ボールを転がしたり、落としたり、投げたりして、夢中で遊んでいます。

うれしくなった僕は、追加のボールを買いに行きました。

もう一度、あの笑顔が見たかったから。

こうして2回目に購入したのは、サッカーボール、野球ボール、バスケットボールの柄の3点セットのボールでした。

おうきはそれを見て、やっぱり大喜び。狂喜乱舞の勢いで遊んでいます。

それ以来、息子の喜ぶ顔見たさに、おもちゃ売り場や雑貨売り場の前を通ると、ボールを買うのを止められなくなるボールジャンキーと化した僕……。

そもそも片付けの苦労から解放されるために用意したボールなのに、**気づいたら12個に増えているボールの片付けに追われていたのでした。**

季節のイベントは本気でやるぜ？

「ガオー！　悪い子はどこだ〜！　食べちゃうぞー！」

節分のお約束といえば、鬼。初めての鬼コスプレは、おうき2歳の時でした。保育園にも鬼が来るというので、実家でちょっと練習のつもりでやってみたら、おうき、見事にギャン泣き。鬼の恰好をした僕から泣いて逃げ回っていました。

翌年の3歳の時は、もう少しレベルアップしたムキムキのマッチョ鬼のコスプレで、おうきの前へ。

なんとこの年、おうきは勇敢にもマッチョ鬼に立ち向かい、母を守ってガンガン豆を投げつけてきました（僕は2階で仕事中という設定でした）。

後から降りていって「あれ、今誰か来てた？」（しらじらしい）と聞くと、「太っちょの鬼、来た！」。

太っちょじゃないよ、マッチョだよ。

それでも、まだ少し怯えていた息子。

4歳の時は、趣向を変えて父に鬼を頼みました。

おうきが幼稚園から帰ってくる前に我が家に来てもらい、浴衣を着せて、金色の鬼のお面を被らせ、さらにナマハゲのカツラをつけさせてスタンバイ。

浴衣にざんばら髪の鬼はかなりシュールで、父と一緒にどうすれば怖くなるか考えていたけど、これを見たらトラウマになってしまうかもと思うほどでした（やめてあげて）。

おうきが幼稚園から帰ってきて、2人でリビングでまったりしていると、2階からいきなりナマハゲ、登場……おうきの反応や、いかに！

するとおうき、まったく怖がらずに鬼に立ち向かっていきます。

僕の前に立ち、「パパ逃げて！」と僕を守ろうとする、おうき。

ナマハゲに落花生をガンガン投げつける、おうき。

倒れた鬼の股間におもちゃの剣で斬りつける、おうき（そこはやめてあげて）。

最後は鬼を倒し、鬼の正体が父だとわかって、ニコニコ顔に戻ったのでした。

それにしても、ギャン泣きしていた2歳のおうきはもういないのかと思うと、うれしいような寂しいような……。

でも、強くなった息子が一段と頼もしく見えた節分でした。

そして、マッチョ鬼にナマハゲと年々ハードルが上がってしまって、翌年はどうしようかと悩むパパです。

こんなふうに、季節のイベントにはかなり気合を入れている我が家。

普段はあまり外食や外出をしないけど、**季節感は味わってほしいという思いもあって、節分や端午の節句、ハロウィンやクリスマスなどのイベントはガチでやっています。**

それに、シングルだから、こういう時にパートナーに相談したり遠慮したりせずに思いっきりできるということもあって、本気でやってみたらパパも結構楽しかったという(笑)。

そして、コスプレといえばドンキです。

1000円程度で揃えられることもあり、僕には欠かせないお店になっています（お世話になってます！）。

ハロウィンには怖いピエロのマスクを買ってみましたが、これはホラー映画級に怖すぎたので自粛して、急遽アンパンマンお化けに変更しました（すぐにパパだとバレて、キック攻撃を受ける）。

おうきも、嫌いなカボチャの衣装を身につけて楽しみました。

クリスマスには、やっぱり定番のサンタクロースです。

ただし、このサンタさんはかなりガチモードで、サンタクロースの衣装を揃えたけど、おうきの前にはけっして姿を現しません。

おうきが寝た後にサンタさんが部屋を訪ねてきて、プレゼントを置き、おうきからのお手紙を読んで、僕たちが置いておいたワインを飲んでチーズを食べて帰るという動画を撮影し、後からさも偶然に撮れていたかのように装って、おうきに見せたのです。

幸いなことに、「サンタさん本当にいた！　おうちゃんちに来てる！」とおうきは目を丸くしていました。

おうきがもうちょっと大きくなるまで我が子の幻想を壊したくなくって、つい本気を出してしまったパパでした。

夏祭りでの「金魚すくい」の罠

3歳の時、夏祭りで金魚すくいに挑戦したおうきと僕。見事に数匹すくい、我が家へお迎えしました。

そこで直面するのが、**金魚のお世話を誰がする？ 問題**です。

おうきの「絶対お世話する！」に押されて金魚すくいをしたけど、やっぱり子どもは気まぐれです。

一日2回餌をあげるのに、たとえば朝食を摂っている時は気づいてあげられるものの、夜は気づかないまま忘れてしまうことが多いんです。

「金魚ちゃんも、お腹すいたって言ってるよ〜」

と促しますが、やはり夜は金魚を忘れがち。**結局、僕があげています（罠にハマったパパ）。**

水槽洗いも、当然おうきにはできないため、僕の仕事です。週に一度は水槽内の苔を掃除して水を入れ替えるので、結構な手間がかかります。

庭でその作業をしている間、おうきは近くで遊んでいますが、金魚を戻す段になると、

「おうちゃんがやりたい！」。

そして得意げに金魚に語りかけています。

「金魚さーん、新しいお家ですよ〜！　どうぞ〜！」

いや、全部パパがやっとんねん！

生き物を飼う時って、人間側の「飼い主適性」を試されているような気がするのですが、**親は親で、金魚を飼ったら我が子の「飼い主適性」をチェックできるかもしれません。**

おうきは……今後に期待しましょう。

戦隊モノにハマる息子。戦いの日々はいつ終わるのか!?

男の子の憧れ、戦隊モノ。おうきも漏れなくハマっています。

0歳の時のアンパンマンから始まって、1歳でトーマスやパウ・パトロールを経て、2歳で目覚めたウルトラマン、仮面ライダー、戦隊モノ。

遊びも、ぬりえや粘土遊びから、全身を動かす遊びが多くなり、ヒーローの真似をしてパパに戦いを挑んでくるようになりました。

そりゃ、毎週見ていたらライダーキックもしたくなるし、ライダーパンチもしたくなるし、憧れのヒーローのように戦ってみたくもなるでしょうよ。

僕ももともとヒーロー系は好きだったから、その気持ちはよーくわかります。

でも、ソファでジャンプしながらライダーキックするのはやめてほしい。危険すぎる。

社会問題になってほしい（笑）。「ライダーキックはやめよう！」みたいな。

それに、**毎日何時間も戦いごっこに付き合うのは、さすがに老体にこたえる**ようになってきました。


2歳や3歳の頃の力は知れたものでしたけど、4歳の男の子の力はかなり強くて、時々、本気でダメージを食らって脱力していることがあります。

「お願い、ちょっと手加減して」って真剣に訴えたことも……。

最近は、いちいち倒れ込むのもしんどくなってきました。

おうきにやられて「うぉ～、やられた～」と倒れて、また起き上がって、やられて「うぉ～、やられた～」と倒れて。

腹筋、背筋、腕立て伏せをやらされてる感、満載です。鬼コーチめ……。

いや、これは息子に付き合わされていると思うから、辛くなるのかもしれません。**そうじゃなくて、これはトレーニングだと思えばいいのか。**そう、自宅筋トレだ。そう思えば辛くないはず……きっと。

でもやっぱり心配なのは、お友だちに同じようなことをしていないかです。前にも書いたように、「お友だちには絶対ダメ。やるのはパパだけ」という約束になっているけど、パパにだけやるっていうのも、何だか舐められているような気がしないでもない。

ああ、やっぱり戦隊モノ、早く飽きてくれないかな……。

それに、戦隊モノって、おもちゃもキリがないんですよね。

今はライダーベルトを買ったら、カードやらメダルやらバッジやらドライバーやら、とにかくさまざまな付属物が必要になる仕組みになっています。

親からしてみたら「え、ベルト買って終わりじゃないの?」と、ちょっと騙された気分。

戦隊モノも5色の5人だけじゃなくて、金とか銀とか黒とかレインボーとか、油断していると追加ヒーローもどんどん増えていきます。

僕の子ども時代は、ロボットを1体持っていれば友だちからすごいと言われたし、ガンプラも2、3体持っているだけで楽しめました。

でも今は、買っても買っても、さらに新しいキャラクターや新商品が出てきて、常に何かもの足りない感じ。


ああ、やっぱり早く飽きてほしい!

僕と戦隊モノの戦いの日々は、一体いつ終結するのだろうか……。

第4章

ああ無情……パパも食らうよ風邪地獄

子育てにつきもの？通院とグリグリ検査

子育てで大変なことの一つ……それは通院。

アレルギーと喘息、アトピーのあるおうきは、しょっちゅう病院に通っています。

おうきの喘息は、乳児期にはかなり症状が重く、夜や明け方に咳がひどくなって眠れないこともよくありました。

アトピーで痒くて眠れない時期もあるなど、3歳頃まではいろいろ大変でした。

体が成長するにつれて、アレルギーと喘息の症状も徐々に良くなってきましたが、今でも喘息用の吸入は欠かせません。

毎朝、吸入器に薬を入れてシュワーッと出てくる気体を吸わせています。その間20分ぐらいずっと吸入器を手で押さえて呼吸しないといけないので、テレビを見せたり、絵本を読み聞かせたりしながらやっています。

また、アレルギーや喘息だけではなくて、季節ごとに1、2回は必ず発熱するおうき。体調が悪くなるたびに、今度は何の病気だろうか、おうきの体は大丈夫か、と不安と心配を抱えながら病院へ。

そして、**子どもの鼻に細い綿棒を突っ込んで、グリグリグリ。**

このウイルス検査、子どもは本当に嫌がります。

毎回病院に行く前に「鼻グリグリする？」と聞かれて、さすがにウソはつけないので、「どうかなぁ、やるかなぁ」と濁しつつ（絶対やるけど）、何とか病院に連れて行きます。

インフルエンザ、アデノ、RS、ノロ、ロタ。子育て前は聞いたこともなかったウイルスによる感染症の数々が、今ではすっかりいつメン（いつものメンバー）に。

ここ数年はそれにコロナが加わり、ほぼすべての病原体検査を受けているおうき（2023年は7回もグリグリ検査を受けました）。

そしてコロナ以外、子どもがかかりやすい**ほぼすべての感染症を経験済み**です。

特に、毎冬律儀にやって来るインフルエンザ……。

おうきは毎年、予防接種を受けていますが、何度もかかっています。

僕も予防接種を受けているけど、おうきのインフルエンザがうつることもちょくちょくです（ただ、症状は軽めです）。

さらに4歳の時には「夏のインフルエンザ」と言われるアデノウイルスにもかかりました。高熱が出て、鼻水やのどの腫れ、痛みが起こり、目やにもたくさん出ていました。

嘔吐や下痢など、胃腸炎のような症状が起こることもあります。


僕も子どもからしょっちゅう感染症をもらっていますが、高齢の父母にうつしたらまずいので、感染症が流行っている時は完全ワンオペです。

特に父には難病があるので、ウイルス感染は厳禁。万が一感染すると、衰弱して難病が悪化してしまう可能性が高いのです。

そして感染症が辛いのは、しばらく保育園や幼稚園にも行けなくなること。

熱が下がった後も、2、3日間は登園停止で、自宅待機。

ああ、ワンオペ看病って、地味に地獄です……。

不明熱、知恵熱？謎の連続高熱にパパ疲弊

子どもって、検査ではウイルスが検出されていないのに、なぜか熱の出ることがあります。

かかりつけ病院の先生に聞いたところ、**空気中には細かいウイルスがたくさんいて、その時の体調やストレスによって病気にかかりやすくなることがある**そうです。

おうきも原因不明の発熱や嘔吐が1、2日つづくことがありますが、そんな時はおでこに冷却シートを貼って、水枕を敷いて、周りにバケツを置いて寝かせるしかありません。

熱が出ると、とにかく心細くなり、寂しくなってしまうおうき。

僕が視界から消えた途端、「パパどこ!?」と半泣きになり、「もう、寂しかったぁ！」と

怒られます……部屋の隅っこに5分いただけですけどね。

当然、子どもが伏せっている間はまったく仕事ができないし、実家にも預けられません。子どもを置いて買い物にも行けず、ひたすら寄り添ってエンドレスに看病するのみ。

原因不明の熱が39度台まで上がることもあって、親としてはかなりビビります。

すごい勢いで熱が上がっていって、どんなヤバい病気だろうかと心配になるものの、翌日には一気に下がることも多くて、毎回ハラハラさせられます。

でも、これも小さな子どもにはよくあることのようで、病院の先生には「あまりに熱が高くて辛いとか、眠れないようなら解熱剤を飲ませてもいいけど、それ以外は大人しく寝かせていてください」などと言われます。

いやいや、それで大人しく寝ていてくれるなら親もラクですけど、そうはいかないのが、子どもという生き物で。辛くてぐったりという日もあれば、高い熱が出ているのに、

「まったくダイジョーブ！　パパ、あそぼ、あそぼ！」

っていう謎のハイテンションの日もあって、保育園にも行けないし、公園にも連れて行けないしで、家の中で時間を持て余してパパは疲労困憊です。

大人の場合、そんな高熱が出たらフラフラになって大変なのに、ピンピン元気だなんて、子どもの体ってどうなっているんだろう。

そういえば、こういう熱を昔は知恵熱って言ったんですよね。

知恵がつき始める時期に突然起こる発熱だから「知恵熱」って、ずいぶん大雑把なネーミングだよなぁ……。

まあ、それだけこの時期には原因不明の熱が多いということなのでしょう。

そういえば、**熱が出て下がった後の子どもに成長を感じる**こともあって。高熱を乗り越えて一段レベルアップして、どこか凜々《りり》しく見えるのです（親バカ？）。

その意味では、まさに知恵熱なのかも。

予防接種で注射を打った後もそうです。

注射した箇所に貼ってもらった絆創膏《ばんそうこう》を、毎回ドヤ顔で見せてくれるおうき。

絆創膏を取ろうとすると「嫌、取らないで！」って、その日はずっと貼っているんです。

注射を克服した自分が誇らしいのかもしれません（注射の時は泣いていたけどね）。

ああ死闘……RSウイルスとの壮絶な闘い

あれは、おうきが2歳の冬。
もともと喘息のあるおうき、その日はいつもと違う咳が出ていて何事かと心配していたら、夜遅くに容態が急変。横隔膜《おうかくまく》のあたりがペコペコ凹み、「ひー、ひー、ひー」と苦しそうな呼吸になってきました。

そのうち大量の汗をかき始めたため、さすがにこれはおかしいと思い、#7119（救急安心センター）に電話。すぐに救急車の手配をしてくれて、おうきは市内の大きな病院へ運ばれることになりました。

採血やレントゲンの検査の時も、終始ぐったりしていた息子。

幸い肺炎の可能性がなく、命に別状はないということでしたが、症状が重いので5日間ほど入院することに。**RSウイルス感染症という呼吸器系の感染症でした。**

小さな子どもが入院する場合は、親も泊まり込みで付き添います。**当時はコロナ禍の真っただ中だったので、親子ともに病室から出ることが禁止されていました。**当然、病院の外での散歩も禁止。病院内の子ども用プレイルームも使用禁止で、トイレや病院内のコンビニに行く時だけ、移動が許されます。これが本当に辛い日々でした。

特に、おうきを何日間も狭い病室の中に閉じ込めておくのが大変で……。**病室の中で鉄格子のような柵のついたベビーベッドに閉じ込められて、しかも常に点滴の管が腕につながれている状態です。**

ただでさえ、体調が悪くて苦しいのに加えて、ずっと血中濃度を測る機器と点滴の管を腕につけているので、それも気になってしまいます（引っ張られると痛がります）。テレビは一応あるけど、子ども用の番組を常にやっているわけではないし、わずかばかりの絵本とおもちゃと僕のスマホで、何とかやり過ごす日々。

おうきは、ずっと泣きっぱなしでした。
もちろん僕も一切仕事はできません。パソコンの使用は禁止されていたので、YouTubeの動画編集や投稿も完全にストップしていました。
コロナ禍ということもあり、父母と交代することもできません。

しかも、親の寝る場所がないんです！

ベビーベッドはあまりに狭くて辛いので、2日目に看護師さんに訴えてみると、折りたたみ式の簡易ベッドを貸してくれました。それをベビーベッドの横に置いて寝ます。

まるで野戦病院って感じのベッドですが、ベビーベッドでの添い寝よりはずっとまし！

こんな生活が3日間もつづいて、狭い空間での24時間看病で僕は心身ともに疲れきり、**ストレスから全身に蕁麻疹《じんましん》が出た**ほどです。
でも、3日目におうきの熱が一気に下がり、咳も治まって目に見えて回復したので、先生と相談し、予定を早めて4日目に退院させてもらうことにしました。

そして、約1年後の3歳の秋。

おうき、なんともう一度RSウイルス感染症にかかります。

通院して点滴も打ったのですが、回復しなかったので再び入院して24時間の点滴治療を受けることになりました。

1年前の辛い入院生活を覚えていたおうきは嫌がりましたが、何とか説得して4日間入院し、帰宅後は6日間、自宅で静養しました。

喘息のあるおうきにとって、かかったら入院決定のRSウイルス感染症。

年齢に関係なくかかる病気だそうですから、まだまだ油断はできません！

ノロウイルスで味わった地獄の4日間

そして、おうき3歳の冬のある日。

保育園から帰ってきたおうきの顔が徐々に白くなっていき、どうしたのかと思っていたら、いきなり嘔吐しました。

ノロウイルスです。ノロは嘔吐や下痢、発熱などの症状を引き起こす感染性の胃腸炎。冬になると全国的に流行しますが、おうきも、どうやら保育園でもらってきたみたいです。

一回吐いた後はスッキリしたのか、ラクそうになったおうき。

これで終わりかと思っていたのですが……**これが地獄の4日間の始まり**だとは考え

てもいませんでした。

すぐにまた吐き気が襲ってきます。

トイレに行って一生懸命吐こうとしますが、なかなか吐けずに苦しんでいます。

ようやく吐けてスッキリするも、またしばらくすると吐き気。

この繰り返しで体力が消耗していき、どんどん笑顔もなくなっていきました。

夜もたびたび吐き気が襲ってくるので、ゆっくり寝ていられません。そこで、トイレから遠い2階の寝室ではなく、1階のリビングのソファで寝かせて、僕もそばで見守ります。

30分ほどウトウトすると、気持ち悪くなって目が覚め、なかなか吐けずに苦しんだ末に嘔吐……それを朝まで13回も繰り返しました。

途中からはトイレに行く間もなく、バケツに吐いて。

下痢もひどいのでオムツ解禁です。**嘔吐と下痢の両方で、上からも下からも大変**でした。

それでも朝5時頃にようやくヤマを越え、少し落ち着いたので2階の寝室へ移します。

そこからは、少しずつラクそうになっていきました。

2日目には徐々に回復していき、まだ本調子ではないものの、ヨーグルトやにゅうめんなども少しずつ食べられるように。

しかし、3日目。

発症しました。僕が……。

朝から寒気が止まらず、熱を測ってみると39度近く。

マスクはしていたけど、ずっとそばで看病していたら、そりゃうつりますよね。

おうきは熱が出なかったけど、僕は、熱、嘔吐、下痢のトリプルパンチ！

立ち上がるのも辛くてダウンしている僕に、おうきはおもちゃの注射器や聴診器を僕に当てて診療してくれます。注射したら治るんだよ、って言いながら（治らないよ〜）。

ワンオペで何よりキツいのは、こういう時にもずっと寝ていられないことです。

子どもの食事を用意しなければいけないし、登園できずに暇を持て余している子どもの相手もしなきゃいけません。これが辛くて。

この時はさすがにキツくて、おうきの食事は冷凍の焼きそばをレンチンしたり、ウーバーイーツで子ども用のカレーを頼んだりして何とかしのぎました。

4日目。

ようやく僕も少し落ち着いてきました。そんな僕を見て安心したのか、

「パパ、ぺぇしてごめんね」

と神妙な顔で謝ってきたおうき。パパの具合が悪かったのは自分が吐いたせいだと、責任を感じていたみたいです。

この子はそんなことを気にしていたのかと驚きました。

これぱっかりはしかたがないんだよ、おうちゃん。


一方、ノロにかかった僕がずっと心配していたのは、自分のノロウイルスをまた子どもにうつして、永遠に親子でループしてしまうんじゃないかということでした。

そしてずっと、2人とも家から出られないんじゃないかと……でも、さすがにそれはありませんでした（笑）。

おうきが発症してから10日目、無事に登園です。

いや〜、RSも辛かったけど、ノロももうごめんです!!

「吃音」について、うちはこうしました

実は、僕にはずっと気になっていたことがあります。

それは、おうきが緊張したり興奮したりすると、吃音《きつおん》になってしまうことです。

よくあるのが、最初の音を発する時に詰まってしまって繰り返すこと。「おお、おお、おーばぁちゃん」みたいになることがあります。

調べてみると、これは吃音症のなかの「連発」とか「伸発」というものらしいです。

ただ、詰まる時と詰まらない時の波があるし、普段の生活では特に支障も出ていません。

それに、親である僕が焦るとおうきも緊張してしまうので、あまり指摘せず、僕もゆったりと話すようにしていました（「おーばぁちゃん」もかわいらしいんですけどね）。

とはいえ、今後のことを考えると少し心配ではあったので、3歳児健診の時に相談してみました（健診では、医師や臨床心理士に気になることを相談できます）。

でも、その日のおうきは普通に発音することができて、問題はないと言われました。

この時期の子どもは、**言葉をたくさん覚えようとして詰まってしまうことがある**のだそうです。あまり気にせず様子を見ましょう、ということに。

そして、おうきは4歳半になりました。

やはり、まだ連発が気になります。

吃音症が出るのは**15～20人に1人。2～5歳で発症することが多い**そうです。

おうきは3歳頃に発症して、約1年半。

4月から年中さんに上がることもあり、小児精神科に連れて行って相談してみることにしました。

息子には吃音を意識させないよう、「きれいな建物のところに行って、いろんなお話をしてくるんだよ」と伝えていました。

小児精神科を受診して30分ほど。出生時のことや、僕の家族、家庭環境についてもお話ししました。

そこまで話を聞くのは、体質的要因（その子自身が持つ体質）も強いからだそうです。

そして、おうき自身も自己紹介をし、先生からの質問にしっかり受け答えをしていました（ちょっと照れていましたが）。

吃音も少し出たけど、興奮した時くらいでした。

その結果、体質的要因よりも発達的要因（体や認知能力、情緒などが爆発的に発達する時期の影響）が強く、症状もそこまで重くはないとのこと。

生活にも問題はないでしょう、と言われました。

加えて、周りの人が気をつけることを教えてもらいました。

・聞き手側はゆっくり聞く

・「落ち着いて」「ゆっくり話して」などの声かけはしない
・なるべくプレッシャーを与えず、サポートするくらいで大丈夫

とにかく子どもには吃音を意識させず、周りの人がゆったりと話を聞くのが大事ということです。

それが子どもにとって安心できる環境になり、話しやすくなるそうです。

特に「もっとゆっくり話して」と注意したり、言い直しさせたりするのは、混乱やプレッシャーのもとになってしまうのでNGとのこと。

何より、子どもが「話すことは楽しい」

と思えるように話を聞いてあげることが大事です。

それ以来、僕も意識して、おうきの話をよりじっくり聞くようにしています。


小さい頃に吃音があっても、**8割の子が小学校入学までに自然に治る**そうです。

だから、今は病院に通うほどでもないかなと思っています。

ただ、やっぱり一番心配なのは周りの理解です。

幼児同士だと、悪意はないけど笑われてしまうこともあるかもしれません。からかわれて、しゃべる自信をなくして悪化してしまうのが最も怖い。


とはいえ、今のところそういう話は聞いていないから、もしかしたら、幼稚園の先生や親御さんたちも注意してくれているのかもしれません。

でも、おうきだって、うまくしゃべれない子を笑ってしまう可能性はゼロではないわけで、本人に吃音を意識させずに、どうやってそれを説明したらいいのかは悩むところです。

子育てって、本当にいろいろありますよね。

まだまだ忍耐が必要なパパです。

第 5 章

弁当づくりも日々の食事も全力でこなすぜ

おうちゃん、卵アレルギーは克服できるのか⁉

子どものアレルギーに悩んでいる親御さんは多いですよね。

おうきにも牛乳や卵のアレルギーがあります。

それも結構、重めのやつが。

生まれて半月頃から、粉ミルクを飲んだ後に体が真っ赤になることや、蕁麻疹が出ることがあったので検査したところ、**牛乳と卵に高いアレルギーの数値が出ました。**

でも、生まれてすぐにはきちんと反応の出ないことがあるとも言われ、1歳になってから再検査したところ、牛乳の数値は下がっていました。

おうきの場合、二か月目以降は母乳がなくて粉ミルクを飲む以外なかったので、粉ミルクを飲んでいるうちに体が慣れてきたんじゃないかということでした。

確かに、粉ミルクをあげると最初の頃は吐いてしまうこともあったのですが、結果的に、それがアレルギーの負荷を与えたことになり、体が慣れていったのかもしれません。


ただ、1歳時の検査では、卵と甲殻類とハウスダスト系に高い数値が出ていました。

特に卵白の数値は依然高いままで、「0〜6」のうちの「5」。

その時に、病院の先生から言われたのは、

「うーん。卵も離乳食の頃から少しずつ食べさせておけばよかったね〜」。

え、それ、今言います？

その先生のお話によると、食べさせてみたら最初は痒いなどの反応が出るかもしれないけど、そのうち耐性ができて慣れてくることもあるから、もっと早くから食べさせてみてもよかったかもしれない、とのこと。

いや〜、今さらそれを言われてもどうしようもないですし、そもそもアレルギー反応の出ているものを赤ちゃんに食べさせる勇気は、僕にはなかったかも……。

ただ、それと同じようなことを「食物経口負荷試験」でやることになりました。

負荷試験というのは、アレルギーが確定している食物や疑われている食物を、少しずつ摂取させて症状の有無を確認する検査です。

検査することで、原因食物の確定ができたり、安全に摂取できる量がわかったり、または耐性が獲得できたりするケースもあるそうです。

たとえば、一定の時間を置いて、茹で卵の白身の部分を0・1g、0・2g、0・3gなどと少しずつ増やして食べさせながら、体調の変化を見ていきます。

最終的には卵半個分などの白身を摂取させ、負荷を与えて一日様子を見ます。

ただし、アレルギー症状が強く出るおそれがあるので、「入院が前提」とのこと。この入院には、親は付き添いで泊まれないそうです。

この時、おうきは2歳になったばかり。

そんな小さな子どもが知らない人ばかりの病院で夜を過ごすことを考えると、胸が締め付けられる思いがしました。

話を聞いた母もひどく心配し、入院当日、病院に向かうおうきと僕を送り出す時は、泣きながら孫をギューッと抱きしめていました（母の涙の意味がわからない息子は、無邪気にバイバイ）。

さて、いよいよ入院です。

入院前の試験では、卵白の数値は一番悪い「6」。慎重を期しながら、30分ごとに規定の量を食べさせていきます。

しかし、心配していたアナフィラキシーショック（血圧低下や失神）は起きませんでした。病院でお昼寝した後に体温が上がったことで、夕方にポツポツと蕁麻疹が出てきて診察時間終了まで観察したものの、ひどくはならなかったので、**なんとこの日は日帰りできることに！**

家に着いてからも体調は悪化せず、おうきは元気に夕食を摂っていました。

卵白も、やはり少しずつ摂った方がいいので、この試験後にはごく少量ずつ食べさせるようになりました。

卵を食べられるようになると、いろいろなものが口にできるようになるので、本人もラクになるし、料理をつくる僕はもっとラクになります！

ラーメン好きが高じて卵黄克服！

4歳になって、おうきは卵黄なら1個分は食べられるようになりました。

これは、実は大好きなラーメンのおかげです。

僕たちの住む札幌といえば、ラーメンの街。おうきもラーメンが大好きです。そして、札幌のラーメンの麺は黄色く縮れた卵麺です。スーパーで売っている麺もほとんどが卵麺。

卵麺には卵黄が含まれているのですが、**ラーメン好きなおうきは、この麺を食べているうちに、いつの間にか体が卵黄に慣れていって耐性がついたという（笑）。**

好きなもののパワー、恐るべしです。

でも、卵白の部分を食べさせるのは少し苦労しています。

過去に卵の白い部分を食べて体が痒くなったり、咳が出て苦しくなったりしたトラウマがあるのか、卵白が料理に入っているとすぐに気づいて嫌がるのです。

当然、普通の卵料理は出せませんから、お弁当には定番の卵焼きも入れられないし、忙しい朝に目玉焼きや茹で卵でタンパク質を摂取させるわけにもいきません。

4歳の時のクリスマスには2人でオムライスをつくったのですが、卵黄だけでこしらえました。

まあ、こんなふうにいろいろ面倒なこともありますが、長い目でゆっくり様子を見ながら、徐々に卵白を使った料理にも挑戦していこうと思っています。

実は、僕も子どもの頃に牛乳と卵のアレルギーがあったのですが、高校を卒業した頃からどちらも平気になりました。

当時は、母が月曜日に牛乳の代わりに1週間分の豆乳を学校に持っていって冷蔵庫に保管させてもらい、給食で卵料理が出る日にはお弁当をつくってくれていました。

当時は大変だったけど、30年前と違って今はアレルゲン除去食に対応している学校も増えています。

だからあまり焦らずに、少しずつ挑戦していくつもりです。

好き嫌いも、その日の気分によって変わる!?

ラーメンと違って、おうきが嫌いなのが芋系やカボチャです。

北海道の名産品といえばジャガイモですが、大嫌い。モソモソしている食感が嫌みたいで、なかなか食べてくれません。

ジャガバター、つくるのラクなんだけどな（美味しいし）。

そして、2歳過ぎから好き嫌いが激しくなってきました。

それも、昨日まで食べていたものを「嫌！」と言うようになるなど、気まぐれが増えてきて。この前は味噌汁に入れた舞茸を美味しいと言って食べていたのに、炒め物に入れたら、食べたくないと言い出したりして。

我が家では、ほうれん草をごま和えにしたり、鰹節とポン酢で和えたり、海苔のつくだ煮で和えたりしています。その3つはおうきもよく食べていたのに、この間は嫌だと言い出したので、**ほうれん草を小松菜に替えてみたら、普通に食べていました。**

色も味も食感も、ほとんど変わらないと思うんですけどねー。

朝はほぼ毎日、好きな納豆を食べていたんですが、それも急に食べないと言い出した時期がありました。

こちらとしては、せっかくつくったのに食べないと言われると、困ってしまいます。

「おうちゃん、この前は美味しいって食べてたよ」

「パパ、悲しいー」

「お肉だけ食べてたら、ショッカーになっちゃうよ」

などと言えば言うほど、頑固になっていくおうき。

と思えば、ちょっとした声かけで急にたくさん食べるようになったり。

これは本人の性格によるものなのか、幼児の「あるある」なのかわかりませんが、その日の気分によって好き嫌いが変わるというのは想像していませんでした。

子どもって本当に難しい。その分、僕が余計に食べることになっちゃうのも悲しい……。

でも、なんだかんだいって最強なのが、ふりかけです。**ほかのものは食べないという時でも、ふりかけご飯だけは食べるのです。**

戦隊モノからドラえもんまでキャラクターもののふりかけが揃っているのも幼児の心をくすぐるようで、我が家でも常備しています（なんか悔しいぞ）。

それからほかにも、最強といえば、母のつくるお惣菜。

きんぴらごぼうやひじきの煮物などの茶色い系の煮物は特に、無添加の八方だしを使っているので、優しい素朴な味わいがするのでしょう。

まさにおふくろの味。

その味に慣れてしまったおうきは、スーパーで買ったお惣菜は一切食べてくれません。実家に帰った時に母がたくさんつくって持たせてくれるのですが、それは喜んで食べます。

だから、母のお惣菜は我が家の料理のハードルを上げている、かくれたライバルなのです（いや、本当にありがたいんですけどね）。

母が元気なうちに、煮物のつくり方を教わっておかなきゃ……！

爆食してくれてうれしいけどお寿司屋さんに負けるという現実

その日によって好き嫌いはあっても、基本的にはよく食べる息子。

4歳頃になると、食べたいよりも遊びたいが勝るようになってきて食欲も落ち着いてきました。それまでは周りが心配になるぐらい、よく食べていました。

ただ、初めての食材に対しては、とても慎重なおうき。

やはり以前アレルギー症状が出た時のことを覚えていて、知らないものには怖いイメージを持っているようです。

我が家では3歳から生魚を解禁したのですが、お寿司屋さんでも、子どもが

好きそうなサーモンやマグロにはいまだに手をつけようとしません。

やっぱり3歳まで口にしなかった食材は怖いのかな。

結局、回転寿司に行っても、ポテトやラーメンばかり食べることに（子どもあるある）。

ただ唯一、回転寿司で手をつけたナマものが、イクラでした。

赤くて丸くてキラキラしているイクラは、やっぱり子どもの大好物。プチプチ弾ける食感も、染み込んだ醤油の旨味も、どストライクだったようで喜んで食べるようになりました。

ただし、イクラのためだけにお寿司屋さんに行くのも大変なので、自分たちでつくることに。

北海道では、秋から冬になると筋子が安く売られます。結構な大きさの塊でも、1000円前後とお買い得。

だから、**秋冬になると、各家庭で筋子からイクラを仕込んで食べるのが北海道スタイル**です。自分の好みの味付けにもできますしね。

そんなわけで、おうき4歳の秋、我が家でも2人でイクラを仕込みました。

アニサキス対策のために、60〜70℃のぬるま湯で1分洗った後、何度も塩洗いして、自家製の甘じょっぱいタレに一晩漬け込みます。

いざ、実食!

おうきは軍艦巻き、僕はイクラ丼にして、それぞれ豪快にイクラを載せます。すると、本当にいっぱい食べてくれて、逆に大丈夫かと心配になるほどでした。

無心に食べるおうき。ドキドキしながら聞いてみます。

「この前行ったお寿司屋さんのイクラと、パパとおうちゃんでつくったこのイクラ、どっちが美味しい?」

おうき、少し考え込んだ後、満面の笑みで答えました。

「お寿司屋さんの!」

ガク〜ッ!

あー、そうですか。結局、お寿司屋さんか。次からは市販のイクラ買ってこようかな、とすっかりやる気をなくしたパパでした。

子どもって本当に正直ですよね……。

早朝の弁当づくりは週1でも過酷です……

息子が通う園では、毎週月曜日が「お弁当の日」になっています。

それ以外は給食なので、どうして月曜日だけお弁当？　とハテナが浮かびましたが、どうも「園と家庭で、ともに子どもを育てましょう」という方針からのようです。

またまた親が試されている、ということなのかも。

おうきは毎回「今日はお弁当だ～！」と喜んでくれるので、毎週月曜日の朝は辛いけど、それを励みにしてがんばっています。

ということで、**月曜日は朝5時半に起床**（さすがに眠い……）。

共働きの親御さんもこの時間にがんばっていると思えば、気持ちも引き締まります。

とはいえ、我が家のお弁当のメニューはだいたいこんな感じです。

たとえば今日のお弁当は、わかめのおにぎりに冷凍焼きそば（おうきの大好物）、ほうれん草とコーンの炒め物、冷凍の唐揚げとレタスです。それに一口ゼリーを添えて。

このおにぎりが、おかかやひじきふりかけのおにぎりになったり、冷凍焼きそばが冷凍ナポリタンになったり、唐揚げがウインナーや生姜焼きになったり、レタスがブロッコリーのごま油和えになったりします。**そんな感じで毎週をほぼ献立化しています。**

園の様子を画像で見られるアプリがあって、時々ほかの子の豪華なお弁当や、かわいいキャラ弁などをチラッと目にすることがあって気にはなりますが、おうきは、

「今日も焼きそばと唐揚げだ！」

と喜んでくれるから、まあいいとしましょう。

せめて、仮面ライダーV3のピック（爪楊枝《つまようじ》）とランチベルトを使って華やかに演出。

「わあ、ライダー弁当だ。トォッ！」と、おうきは大喜びです。

ライダーパワー、すごいなあ……。完全にV3さん頼みのパパです。

パパ、キャラ弁に挑戦したよ

お弁当づくりを始めるという時、僕のなかにある思いが湧き上がってきました。

「キャラ弁をつくってみたい……!」

でも、お弁当の日にぶっつけ本番ではリスクが高すぎます。**そこで、休日のお出かけの日に、練習がてら挑戦してみることに。**

まずは書店で、キャラ弁の本を買ってきます（調べ物大好き）。

ただ、掲載されているお弁当はものすごく手が込んでいて、もはやアート作品のよう。

こりゃ自分には無理かと諦めかけますが、比較的、難度が低そうなものを見つけました。

アンパンマンに時々登場する「おむすびまん」と「こむすびまん」のコンビです。

ベースはおにぎりなので、普通に小さなおにぎりをこしらえます。

ここまでは楽勝だぜ！

でも、そこからが大変でした。

ピンセットで海苔を貼り付け、ハムやチーズやかまぼこをいろいろな形に切り抜きます。

だんだん、お弁当をつくっているんだか、工作しているんだかわからなくなってきたけど、１時間ほど作業をつづけてようやく完成！

初めての割には眉毛や口の細い部分もうまくいき、**我ながら90点はいったのではないかと思える出来栄え**でした。

お昼になり、ついにキャラ弁を披露します。ドキドキしながら、お弁当箱を出し、オープン！

息子よ、これが本物のおむすびまんだ！

「わ〜、しゅごーい！」

当時は3歳だったおうき。
目を輝かせて、にっこり笑顔。
大満足です!
おむすびまんもこむすびまんもペロッと平らげてくれて、僕の苦労も報われました。

……ただ、キャラ弁をつくってみてわかったのは、これをずっとつづけるには相当の覚悟が必要だということ。**っていうか絶対無理、こんなの毎週やるなんて!**

つづけているママさんたちはすごいなと思うけど、僕には難しかった。

おうきの方はすっかり気に入ってくれた

ようで、その後、

「おむすびまん、いないの？」

と何度か聞かれるはめに。

「ああ、おむすびまん、今どっか行っちゃってるわ。絵本から出てこないみたい～」

そんな適当な言葉でごまかされた3歳児。かわいいもんです。

そのやり取りを3回ほどつづけた後、おむすびまんたちは、おうきの脳内から本当にどっか行っちゃいました。

以来、パパはいつものローテーション弁当の方向でやらせてもらっています。

V3さん、引き続きヨロシク！

宅配、外食も頼む時は頼むぜ！
でも料金高すぎ問題

普段は、ほぼ自炊している我が家。でも、ウーバーイーツなどのフードデリバリーも利用することがあります。

初めて使ったのは、おうきが2回目の入院と自宅療養をして、回復した後の週末。病院と家に10日間カンヅメ状態だったので、その週末の2日間は思いっきり公園で遊んでもらい、夕食は便利なサービスを使って好きなものを食べてもらおうと決めたのです（僕ももう限界でした）。

いや～、フードデリバリーってほんと便利！（宣伝じゃないですよ）

おうきが大好きな唐揚げも、ポテトやお子様カレーもあるし、僕が好きなカツ丼もカツカレーもある（カツばっかり）。洗い物も少なくなって、後片付けも超ラクだし。

その2日間はフードデリバリーを堪能し、すっかりそのトリコに……。

だって我が家は外食をほとんどしないし、その分たまにはフードデリバリーくらい使ったっていいんじゃないか、もしかしたら週1くらいいけるかも！……と思っていたんです。

でもある日、銀行に行って預金残高を見たら……あれ？　何だかずいぶん減っている。

原因はフードデリバリー！　ちょうどコロナ禍で、いろいろな宅配サービスが登場した時期だったので、調子に乗ってたくさん頼んだら意外に料金がかかってしまって。

トータルで2万円くらい、フードデリバリーで引かれてました！

さすがにこれはまずいぞ……。

もともと外食は自炊より高くなるので、フードデリバリーならそれくらいかかるのも当然です。

とはいえ、やっぱりラクなので、本当にキツい時は利用してもいいかなと思っています。

夕食はルーティン化してラクする術を編み出した！

フードデリバリーに頼りすぎるのはまずい。でも、多少はラクしたい。

いろいろ考えた結果、僕は夕食をルーティン化することにしました。

子どものために自炊するようになって初めてわかりましたが、毎日、今日は何つくろうか？　と献立を考えるのって、かなり大変ですよね。

そこで、1週間単位でだいたいのメニューを決めてしまえば考える時間が省けるし、毎回の炊事もラクになるし、ついでに買い物もスムーズになるんじゃないかと。

たとえば、**日曜日の夜は唐揚げか、生姜焼き**です。休日で時間もあるし、翌日が園のお弁当の日なので、お弁当のおかずにも使えるように。
焼きそばも、日曜日の夜に多めにつくってお弁当に入れることもあります。

土曜日はカレー。残りの日は、焼き魚、ジンギスカン、チンジャオロースー（息子はピーマン好き）、プルコギあたりを順番に回していく。

これが今のスタメンです。

それから、だいたい**週に1回は新しいメニューにチャレンジする日**をつくっています。

麻婆豆腐や回鍋肉《ホイコーロー》など中華系も多く、結構ガッツリした男っぽい料理ばかり。

また最近、**炒飯とチャーシューに挑戦してみたら、すごく美味しくできて大満足でした！**

おうきのアレルギーのため、卵まるごとは使えないので、これまではあまり炒飯をつくろうと思ったことがなく、五目ご飯や炊き込みご飯ばかりだったのですが、チャーシューをつくるのに合わせて、卵黄だけの炒飯にトライしてみました。

おうきの前で、フライパンでバンバンバンバン炒めてみせます。男らしく、豪快に。

息子よ、これがパパのつくる炒飯だゾ！

炒飯を知ってはいたものの一度も食べたことがなかったおうきは、チャーシューと一緒にめちゃくちゃうれしそうに食べていました。

こうやってうまくできたら、翌週からは炒飯をスタメンに加えて、代わりにジンギスカンはそろそろやめようかな、などと検討します。

ジンギスカンはお肉と野菜を切って並べて焼くだけなので、かなりラクだし、野菜も美味しく摂れるのですが、この間おうきに、

「ジンギスカンより、パパの生姜焼きの方が好きー」

と言われたこともあり、生姜焼きもスタメン入りを検討中です（うれしかった……泣）。

毎週新しいメニューに挑戦することで、多少はバリエーションも出せているはずだし、

実際にルーティン化することで、料理も買い物も時間短縮できています。

そんなわけで、僕は毎日、園の給食とかぶっていないかを確認した後、16時半頃から下ごしらえに入ります。

カレーなら、にんじんやジャガイモを切っておくとか、生姜焼きだったらキャベツを千切りにしておくとか調味料をつくっておくとかぐらいですが、なるべくスムーズにできるように。

それから料理をして、18時頃から2人でご飯を食べて、おうきと一緒にお風呂に入ります。

朝は、体を温めて代謝を良くするために、毎日味噌汁をつくっています。味噌汁のレパートリーを増やすべく、レシピ本を2冊買って研究中です。**豆腐、わかめ、油揚げ、きのこあたりは定番ですが、そのほかにも水菜やキャベツ、アボカド、ブロッコリー、ベーコン、オリーブオイルなど、いろいろ入れて飽きないように。**

本当は、朝食に卵焼きや目玉焼きをつくれるといいのですが、それができないので、味噌汁をおかずっぽくしています。味噌汁にたくさん具材が入っていたら、おかずも品数が多くなくていいだろうと考えて。あとはご飯と焼き魚くらいです。

僕も若かったらきっとそこまで気にしないと思いますが、もう40代。それに、ずっと家で仕事をしていることもあって、やっぱり食生活は気になります。

野菜を多めに摂るために、味噌汁ってすごくいいんですよね。毎朝、いろいろな具材を入れて変化を楽しんでいます。

嫌いな食べ物も保育園では食べているって、マジ？

あれは、前の保育園での保育懇談会の日……僕は衝撃のシーンを目撃してしまいました。

その日は、本来なら子どもたちが遊んでいる様子や給食を味わっている様子を同じ部屋で参観する予定でしたが、その年はコロナ禍だったので保護者だけで懇談会を行い、普段の子どもの様子を録画したものを見せてもらったのです。

公園や室内で息子がお友だちと遊んでいる様子が見られて、ほっこりした気分になっていたのですが、**給食のシーンで僕は目を疑いました。**

おうきが、大きなブロッコリーをフォークでぶっ刺してバクバク食べていたのです！

えーっ、ブロッコリー嫌いだったじゃん！　それ隠してたのかい！

あまりにびっくりしたので保育士さんによく聞いてみると、**茹でたブロッコリーをごま油で和えて塩をふりかけたものだそうです。**

……え、それだけ？

「めちゃくちゃシンプルですけど、これが子どもたちには大人気で、皆食べるんですよ」と保育士さん。

確かにうちでは、茹でたブロッコリーにマヨネーズをかけたり、コーンと一緒に炒めて塩コショウを振ったり、味噌汁に入れたりなど、いろいろ工夫していましたが、おうきはあまり食べてくれませんでした。そこで、その日、夕食でブロッコリーをごま油と塩だけで出してみたら、やっぱり美味しいと言って食べていました。しかも、

「おうちゃん、ブロッコリー好きだもんね！」

とか笑顔で言いながら。**いやいや、今までそんなこと言ってなかったじゃん！**

おうきは、園ではブロッコリーだけでなく、嫌いなカボチャも食べていました。

いや～、集団生活って本当にすごいですね。保育士さんも言っていました。

「皆が食べるから、皆、食べるんですよ」

別に強制ではないけど、食べられない子がいると子どもたちは自発的に「美味しいよ」とか「大丈夫、食べられるよー」などと応援し合うそうです。それで皆、奮起するのだとか。「パパも食べるから、おうちゃんも食べよっか！」は、最近まったく通用しなくなりましたけどね（涙）。

それはともかく、平日は保育園や幼稚園で給食を出してくれて、本当にありがたいです。それに比べて、週末のお昼は毎回献立を考えなくてはいけないし、我が家は残念ながら近くにコンビニがなく、一番近いスーパーまで歩いて20分はかかるので、気軽に買ってくることもできません。

朝食を摂ったらすぐお昼で、無限に食事づくりに追われている気がしてきます。

そんなわけで、最近は休日の昼食もルーティン化するようにしました。素麺、うどん、パスタ、ラーメンというように、麺類を具材や味を変えてルーティン化しています。

おうきがもう少し大きくなったら、2人が好きなラーメン屋さんに行けるんですけどね。何より、いつか2人でラーメンの食べ歩き旅行に行くのが、今の僕の夢です。

余ると食べる……パパはデブ不可避！

小さな子どもとの食事で難しいのが、どれくらい食べるのかが予測できないこと。おうきは、食べる時はものすごく食べるのですが、意外に食べられない時もあるし、急に食べないと言い出すこともあって、余ることがあります。

少しだけ残ったものをわざわざ冷凍してとっておくのも面倒なので、僕が食べてしまうのですが……これがまあ、太る原因に。

足りなくなるのも嫌なので、子どもがたくさん食べる前提でつくっておくものの、結局それほど食べてくれなくて微妙な量が残ってしまう。

食べ物を捨てるのに罪悪感があるから、ついパパが食べてしまう……**その結果、デブ確定です！**

そもそも、大人1人と幼児1人の食べる量って1・5人前にも満たないこともあって、いろいろと難しいところがあります。

たとえば、魚の切り身はたいてい2切れセットで売られています。

使わない分は冷凍しておけばいいけど、使わない分をカットするために解凍して、それをまた冷凍すると鮮度が落ちてしまいます。

だから、1切れだけ売ってくれるといいなと思うのですが、僕の家の近くのスーパーにはそれがありません。

また、大人が2人いると、もう少し消費量が増えて分量も調整しやすいけど、大人が1人だと、どうしても僕が多めに食べることになってしまいます。

でも、最近は小分け商品も増えてきました。

野菜や果物なども小さくカットして売っていることがあります。ただ、そういうのは便利な反面、ものすごーく迷うんです。

4個で600円の桃と、1個200円の桃。

4個まとめて買う方がお値段的にはおトクだけど、きっと全部食べられなくて傷んでしまう。

捨てるのも嫌だから、今日は1個にするか……でも、なんか損な気がする。

うーむ、どうしよう……と、売り場の前でしばし考え込んでしまうパパでした。

食事マナーを教えるも……自分がわかってなかった件

おうきが4歳になる直前、食事マナーもそろそろ覚えさせなきゃいけないと思い、**ダイニングテーブルと椅子のセット、そして子ども用のベビーチェアを買いました。**

何より楽しく食べてくれるのが一番と思い、それまであまり厳しく言わなかった食事マナー。

その日からは少し厳しく教えるようにしたのですが、食事の姿勢からお箸の使い方、お茶碗やお椀の持ち方まで、いろいろ細かいことがあって、注意する方も難しいですよね。

たとえば、ひじを机につくのをやめさせようと何度も注意していたのですが、後になって、おうきの座高とテーブルの高さの関係で絶対についてしまうことが判明。

むしろ、ひじを浮かせながら食べるのは難しいし、何より僕は「ひじ」のことをずっと、「ほら、ひざはテーブルに置かないよ」

と言っていたことに途中で気づきました……どうなってるんだ、僕の国語力(汗)!

さらに、テンパっていて左にご飯右にお味噌汁の配膳を逆に置いていて、案の定、YouTubeのコメント欄には「逆ですよ」とご指摘が……。


それに自分自身の箸の持ち方も、実はきちんと確立できていないところがあって。

自分がわかってなかったのに、マナー動画なんて出すんじゃなかった……と激しく後悔。


とはいえ、食事のマナーはやはり大事なので、少しずつ覚えてくれたらいいと思います。

でも、美味しい時は、いつも「美味しい!」と大きな声で言ってくれるおうき。

「美味しい時は美味しいって言わないと、おばあちゃんもうれしくないよ。美味しいと思ったら、ちゃんと言おうね」

と教えていたので、食べた時のリアクションはバッチリです。

やっぱり、子どもには楽しく、美味しく食べてもらえたら、それが一番かな!

「おやつルール」にとらわれすぎた男の末路

おうきが幼稚園から帰ってきてしばらくすると、おやつをほしがることがあります。

でも、我が家のおやつタイムは、15時。たまに預かり保育を利用することがあるので、預かり保育のおやつの時間に合わせています。

家にいる時も時間の意識を持ってほしいと思って、おやつをねだられても厳しくしていたのですが、その攻防戦がエグくて。


「おやつ食べたい！」

「15時までダメ！」

「おやつまだ？」
「あと10分！」

を延々と繰り返すことも。

いろいろ攻防戦をつづけた挙句、

「じゃあ、今はチョコボール3つだけね。ほかは後のおやつの時間にとっておこうね」

と、すごく中途半端にあげてしまったことも……！

まさに、ルールにこだわりすぎた男の末路。

でも、おうきはそれで納得して、チョコボール3つを大事そうに食べていました。

そんなおうきでしたが、**3、4歳頃からは黙って我慢できるようになりました。**

もしかしたら、時計の読み方がわかってきたことで我慢できるようになったのかもしれないと思っています。

時計が読めて「あと10分」という感覚がつかめるようになり、もう少し待てばおやつを食べられるということが理解できるようになったのかもしれません。

いや、単に成長して待てるようになっただけかもしれないけど。

それに、あと10分待たせて「15時」にこだわることに意味があるのか？　という気もします。

子どもが自分をコントロールできるようになるために、ルールを守らせるのは大事だと思うけど、あまり厳しくしすぎるのもどうなんだろう、と。

皆さんは、どうされていますか？

おやつといえば、3歳の時には**「チョコペンで壁アート事件」**もありました。

僕の仕事が立て込んでいた時、おうきのおやつタイムは「唯一の仕事集中チャンス！」と仕事に打ち込んでいたら……。

白い壁にチョコペンで線を描いているではないですか！

「何やってんの!?　賃貸なのにー！」

と怒りかけたけど、これを与えたのは自分、目を離していたのも自分。しかたがない……。

おうきはそれまでクレヨンやペンで壁に落書きしたことがなかったので、まさかチョコペンで描くとは思ってもいませんでしたが、子どもって白い壁を見たら、やっぱり何か描きたくなっちゃう生き物なのかもしれません。

それ以来、おやつの時は僕も一緒に食べるようにしました。

いや、太るから本当は食べたくないんですけど、しかたないですよね！（そしてデブ確定ループ）

第6章

おしゃれは封印!? 我が家のお金事情

北海道あるある？電気代10万円超えの恐怖！

皆さんの家の電気代、1か月分ってどのくらいですか？

うちは、なんと13万円になったことがあります。

じゅ、13万円ですよ!!


我が家は北海道なので、夏はそれほど暑くならず、室内では扇風機でしのいでいるため、夏の電気代はたいしてかかりません。

しかし、冬はどえらいことになります。

9月下旬から寒くなるので、そのあたりから床暖房を入れると電気代が相当かかります。

しかも、ウクライナ戦争や円安の影響などで燃料調達コストが高騰していて、2022年頃からは電気代が爆上がり中……。

戸建てでオール電化の我が家はもともと電気代がかかる方でしたが、2022年秋頃から一気に上がって、2022年9月、10月の電気代は約4万円に。

その後もどんどん上がり**2023年1月は13万円、2月は10万円。**

ひい、助けて〜！

冬の数か月間の暖房費のために、1年間の電気代が合計で40万円くらいかかりました。

寒冷地や道民の方ならわかってもらえる、この苦しみよ……。


そこで我が家、節電のために床暖房はやめて、灯油ストーブを買ってメインの暖房にすることにしました。

また、電気代が安い22時から朝6時までに、洗濯やつくり置きの調理をしています。

夜寝る時は、布団の中に湯たんぽを入れて。

すると、今年（2024年）の1月の電気代は、約4万円に抑えることができました。

灯油代が月2万円程度だったので、合わせて6万円程度。

なんと2023年の1月より、約7万円も安く済んだのです。これぞ、**道産子の知恵！**

保険と教育費について考えてみた

そんなわけで、最後の章は我が家のお金事情について少しだけお伝えします。

月々の支払いは、先ほどの電気代をはじめとする光熱費や家賃、食費、交通費、通信費に加えて、国民健康保険の保険料や民間の保険料などです。

幼稚園の費用は、無償化されているので給食費以外はタダです（助かります）。

また、おうきの習いごとも、幼稚園で英語とダンスとサッカーを教えてくれているので、特にやっていません。

保険への加入は、ずっと一般的な簡易保険だけだったのですが、**おうきが生まれてから先々のことを考えて、がん保険にも入りました。**

さらに、おうきの教育費として毎月数万円ずつ積立貯金しています。僕の場合、収入が変動的なので毎月5万円以上と決め、できる時はもっと上乗せして貯めるようにしています。

やはりひとり親の場合、「自分に何かあったら」ということを考えると、とても怖くなります。

僕の両親は高齢だし、すでに年金生活です。両親にもさんざん「お前が倒れたらどうするんだ。お金はいろいろ準備しといた方がいいよ。保険ももっと入っといた方がいいんじゃない?」と言われています。

それを聞くと、やはり胸にグサッときます。

わかってるよ。だから、がん保険にも入ったし、貯金もがんばってるんだよ。

そう心のなかでボヤきつつ、確かに、将来のことはもっとしっかり考えなければいけないと思っています。

特に僕は今、ＹｏｕＴｕｂｅや動画制作で収入の多くを得ていますが、今後はどうなるかわかりません。

でも、**お金も大事だけど、一番大事なのは健康**です。

ひとり親家庭はとりわけ親が元気でいなければ、子どもを育てていけません。

公園で無邪気に遊ぶおうきを見ていて、改めてしみじみそう感じるパパでした。

そういえば、我が家には車はありません。

会社で車通勤は禁止されていたし、電車通勤が日常だったからです。そしてもともと運転が好きではないし、子育てで疲れている時に乗って、もしも事故ったら……と考えると、恐ろしくて。

その分、在宅になってから健康のためにめちゃくちゃ歩いています。ネットスーパーも使わずに、スーパーまで歩きます。

でも、実際には車社会の北海道。

車でなければ行けない場所もたくさんあるので、さすがに来年には買おうかと思案しているところです。

国や自治体からの支援、ありがたし!

子どものいる世帯にとってうれしいのは、幼稚園の費用だけでなくて、預かり保育の費用も無償化されていることです（預かり保育は、3歳児以降と、住民税非課税世帯のみが無料です）。そのほかにも、国や自治体からの支援はいくつかあります。

たとえば、中学生までの子のいる世帯すべてに国から支給される児童手当があります。

●児童手当（中学生までの子どもを養育する親に対して国が支給する手当）

0〜3歳未満／月額1万5000円
3歳〜小学校修了前／月額1万円。第3子以降は1万5000円

中学生／月額1万円

それから、うちのようなひとり親家庭への支援があります。

これは自治体によって金額や条件が違うので、これからシングルになるかもしれないという方がいたら、お住まいの自治体に問い合わせてみてください。

たとえば、北海道札幌市のひとり親家庭への児童扶養手当は、18歳までの児童を監護しているひとり親や養育者に支給される手当です。児童1人の場合は月に4万5500円を上限として支払われますが、**親の所得額によって「満額支給」「一部支給」「支給なし」になります。**

僕の場合は、サラリーマン時代は「一部支給」で1万円ほどでしたが、副業でYouTubeを始めてからは収入が上がり、結局手当は「支給なし」になりました。

それから、札幌市の場合は**「ひとり親家庭等医療費助成」**があり、子どもの医療費がゼロです。喘息のあるおうきはしばしば風邪を引き、悪化もしやすかったので、この制度はとても助かりました。平均月2回は通院していますが、本来なら3000円以上する薬代までタダになるのは、ありがたい！　ただ、僕にうつるとその分お金はかかります（笑）。

4年間同じ服装!パパのおしゃれは捨てます

それ以外にかかるお金としては、おうきの幼稚園の制服代や普段の服代などの雑費です。

とはいえ、息子の服も、普段買うのは庶民的価格の洋服屋さんでばかり。ただ、ハロウィンやクリスマスの時だけはデパートに行って、少しだけいい服を買ってあげています。

ただし、僕自身は4年間ほぼ同じ服装です(笑)。

あ、2年前にしまむらでジーンズを買いました(はきすぎて穴が開いてしまったので)。

もともとはサッカーが好きなので、スポーツブランドのTシャツやパンツなどはよく買っていましたが、子どもが生まれてからは一切買わなくなりました。

自分の買い物をする時間はないし、節約もしたいし、やっぱり、自分より子どもに買って着せた方がかわいいと思うし。

その結果、YouTubeの視聴者さんに指摘されてしまうこともあります。

「いつも同じ服ですね」とか「ジーンズ、穴開いてますよ」とか。

は、恥ずかしい……。

それから、髪の毛もボサボサだとか、声が疲れているとか……。


心配してくださって、ありがとうございます！

僕は大丈夫です。

忙しくてつい自分のことが二の次になってしまう、ただの中年男です（笑）。


そんな僕が最近、唯一の楽しみとしてハマっているのは、ノンアルコールビールです。

以前は普通に晩酌をして寝ることが多かったのですが、おうきが4歳になってから預かり保育に行かずに帰ってくることが増え、本人もますます活発になってきたので、公園で遊ぶ頻度が高まりました。

その分、僕の日中の仕事時間が減ってしまうので、何とか短時間でも仕事に集中したいと思うようになりました。

朝、おうきが園バスに乗ったら、帰宅して即座に仕事を始め、夜中もおうきが寝た後に仕事をして……ただ夜に飲むと、どうも集中できなくなってしまいます。

そこで、集中して仕事をするためにも、夜の飲酒を減らしてノンアルコールにすることにしたのです。

そうすれば、お酒の消費量が減って、節約にもつながるかもしれないと考えていたのですが、**ノンアルコールビールが謎にうますぎて、毎日3缶も飲んでしまい、まったく節約になっていない**という……（むしろ増えている！）。

ただ、ノンアルコールの方がやはり仕事には集中できるし、自分自身の健康にもいいので、まあ、これくらいはいいよね、と自分に言い聞かせている毎日です。

4年間を振り返って

「この子は僕が育てる」

そう宣言してから、はや4年が経ちました。

世間でいう中年に突入し、人生の折り返しのタイミングで夢と希望しかない子どもを授かり、さらに仕事に邁進《まいしん》しようとした矢先の離婚。

それからは、瞬く間に時が過ぎていきました。

この4年間は、大変なことがありつつも充実した子育ての喜びを味わえているのだから、元妻には今でも感謝しています。

人間は、辛いことを思い出さないように忘れる生き物だといいます。

今も必死で辛かった場面を思い出そうとしていますが、笑顔のおうきが脳内でひょっこり顔を出します（笑）。

あえてあげれば、生まれてまもなく黄昏泣きと夜泣きがひどくて寝不足がつづいた時です。

「この子は、ママがいなくて泣いているのかな」

と卑屈になったこともありました。

「それとも、こんなに泣くのは何か病気の疑いがあるのでは……？」

とも考えました。

すぐ病院に連れて行った方がいいのか、もし重い病気なら仕事はどうしたらいいのかなど、いろいろな不安や心配が襲ってきて、心身ともに辛い時期でした。

そんな時に救ってくれたのは、やはり息子の屈託のない笑顔です。

この笑顔があれば、がんばれる。そう思って奮起したことも一度や二度ではありません。アレルギー、喘息、アトピーがつづき、夜勤明けの寝不足フラフラ状態で通院していた僕。

もしかしたら、神様は僕に試練を与えているのか。

もしもそうなら、僕が必ずこの子を守って育ててみせる！

かなり真剣に、そう考えていたこともあります（笑）。

今ではおうきの病気の症状も落ち着いて、手のかからないところまできました。

そして、意外と振り回されなかった、2歳のイヤイヤ期。

おうきが言葉を理解して賢くなった分、振り回されまくった、3歳から4歳。

母の言葉を借りるなら、

「2歳には2歳の、3歳には3歳の大変さがあるから、がんばって」。

はい、まさにその通りでした。

でも、0歳から4歳の、あの慌ただしかった激動の日々はもう終わってしまったのだと思うと、なぜだかとても寂しくなります。

それでも、5歳になったらどんな日々が待っているのか、おうきはどんな男の子になっているのかと考えると、またワクワクしてきます。

子育てへの情熱は、まだまだつづきます。

１回目の動画で１３００コメント！

ワクワクといえば、ＹｏｕＴｕｂｅの初投稿の動画には、ありがたいことに１３００件ものコメントをいただきました。

驚いたのは、僕に近い環境で生活されている方が予想以上に多かったことです。

ひとり親の方からのコメントが、約3分の1を占めていました。

シングルファザーの方、未婚のシングルマザーの方、生後数か月で離婚して実家に戻られた方、2児、3児を持つシングルマザーの方。

皆さん、過去の体験談や温かい応援メッセージを送ってくださいました。

また、幼い子どもを育てているご夫婦や、お孫さんと住んでいらっしゃる方からの応援も大きな励みになりました。

コメントがたくさん届いた日のことは、つい昨日のことのようによく覚えて

います。

おうきを寝かしつけた後に何気なくパソコンを開いてみたら、温かいコメントが大量に届いていて本当にびっくりしました。

あまりにうれしくて、1人で祝杯をあげました。

コメントの一つひとつに返信を書き込んでいましたが、酔いが回ったせいもあり、**感極まってボロボロ泣きながらキーボードを打ちつづけていた**のは、今ではとてもいい思い出です。

なかでも、シングルファザーの家庭で育った娘さんからのコメントには、強く心を動かされました。

特に、「父に愛情をたくさんもらい、幸せでした」という言葉……。

それを娘さんに感じさせることができるとは、なんと素敵な父の姿かと感動しました。

そして、どんな境遇であっても、「愛情をたくさんもらった」ということが子どもにとっては、とても大切なことなのだと再認識しました。

僕も、そうありたい。

そのコメントを拝読して、ひとり親の子育てに一つの答えが見つかり、大きな希望を持てた気がしました。

それまでは、仕事場で育児話ができたとしても、相手が同じ環境で子育てをしているわけではないので、どこか遠慮して一歩引きながら会話をしてしまっていました。

それに相手の方も何か腫れ物に触るような感じで、余計な気を遣わせてしまったかもしれないという後悔もあります。

当時は、そうした孤立状態で動画投稿を始めたけど、おかげで同じ境遇のご家庭とのご縁が生まれ、交流を持つなかで情報交換をし、励まし合うことができるようになりました。

そして、こういうコミュニティをつくって情報発信することも、ひとり親世帯の役に立つことにつながってほしいという思いから、今回はペンを執《と》ることを決めたのです（パソコンなのでキーボードか）。

少しぐらいカッコつけさせて～（笑）。

うれしかったのは、僕だけではありません。

初めはＹｏｕＴｕｂｅへの投稿をつづけることに少し難色を示していた母も、コメント数の多さに驚き、喜んでいました。

そこから、撮影や動画配信に対して前向きな気持ちを持って理解してくれるようになったのも、とてもありがたかったです。

今、ワンオペ育児で辛い思いをされている方へ

この本を読んでくださった読者のなかに、もしかしたらワンオペ育児をされていて辛い思いにとらわれている方がいるかもしれません。

もしも可能なら、ぜひご自分の子育ての様子を動画に撮ってみることをおすすめします。

もちろん、YouTubeで発信はしなくてもいいです。

非公開という機能もありますから、子どもたちとの思い出を残せるプラットフォームとして利用するのもいいでしょう。

なぜそんなことを言うかというと、**「見られている意識」を持つことで広がっていく世界がある**からです。

自分を俯瞰《ふかん》できるし、第三者にどう映っているかを確認できるためです。

僕は、お出かけ時に子どもにイライラして怒っている親御さんを見るのが苦手です。他

人ながらに、かわいそうだなぁといつも思ってしまいます。

普段はいい親で、たまたまその場面を見てしまっただけかもしれませんが、僕は「三つ子の魂百まで」信者です。

「3歳を主とした幼児の性格は年を重ねても変わらない」という、大昔から伝わることわざに疑いはありません。

その時期の大人の接し方で子どもの気質は変わってくるし、そんな時期に幼い子を怒っても、後から大変になるのは親の方なのでは、と思うのです。

それで、僕もそのように感情的になっていないかを動画で気にするようにしていました。

たとえば、スマホ用三脚を買い、一日カメラを回して朝からのルーティンなどを撮ってみてください。

リビング全体が映る画角にしてビデオモードで撮っておくだけでもいいです。

自分の姿を後から確認してみると、子どもに伝わりにくい言い方をしていることや、決めつけて叱ってしまっていたことなども、子どもの細かい表情からわかると思います。

特にイライラしやすい方は、**こんなに怒っていたのかと自分に引いてしまうこ**

ともあるかもしれません。

なかなか自分では気づかないものです。

動画は、自分の行動に気づいて、子どもに優しく接するきっかけになります。

それに、僕は「家事をがんばっていますね」というコメントをいただくことがありますが、やはり見る側に配慮している部分もあります。僕も独身の時はだらしなかったですし、掃除・洗濯・自炊も気が向いたらやる程度でした。

でも、**見られていることを意識すると、自然にやる習慣が身に付きました。**

大好きな彼女を初めて家に招待する前に、めちゃくちゃきれいにして好感度を上げるのと一緒です（笑）。

何より、汚い部屋でまずそうに食事している様子は誰も視聴する気にはなりませんよね。

いや、僕も忙しくて、家事が疎かになることはあります。

「これもシングル家庭のリアルな姿だ」と開き直っていた時期もありますが、子どもって本当に細かいところをよく見ていますよね。

おうきも、僕の真似をして片付けなくなってしまったことがありました。
それ以来気をつけるようにしましたが、撮っていなければそのことにも気づかず、もっと汚くなっていたかもしれません（笑）。

また、動画を編集していて、自分の表情が固くて話し方が暗いことにも気づきました。これでは仕事のお付き合いでもマイナスになるし、周りの人に気を遣わせてしまっていたかもしれません。

そもそもこんな話し方だと、子どもも楽しくないのではと反省しました。

それから、我が家のルーティンを撮ることで、僕はこう再確認することができました。

「僕はこんなに家事や子どもに向き合っていたのか。こんなにがんばっていたんだ！」

そして、自分の家事や子育てに自信が持てました（笑）。

2年半一緒に暮らした祖父母にも動画で様子を見せることができて、離れていても親孝行ができているのかなと思っています。

元妻も、動画を見ることで安心してくれるかもしれない

実はYouTubeを公開した時、もしかしたら、元妻もいつか見るかもしれないということが頭をよぎりました。

正直に言えば息子を一目見たいと独断で会いに来られるよりも、画面を通して見てくれることで安心してもらった方がいいと思っています。

少なくとも十月十日、お腹の中で育み、辛くて苦しく痛い思いをして産んでくれた母親なのですから、気になっていないわけがないと思うためです。

だから、僕はこれからもできる限り、配信をつづけようと思っています。

ひとり親の方は、祖父母に、もしくは元パートナーに。

ワンオペ育児の方は、旦那さん（奥さんかも）に、ワンオペの大変さを見せつけてあげてもいいと思います（笑）。

一日中、家事と子どもに向き合うのがどれほどエネルギーを使うかを、わかってもらえるはずです。

そして「私を褒《ほ》めて」と素直に伝えましょう！

旦那さんは、仕事でお金を稼ぐ大変さを語る動画を配信してみてもいいかもしれませんよ（笑）。

とにかく、皆が皆、お互いに尊重し合えるようになるといいですね。


前置きが長くなりましたが。

これからワンオペ、もしくはひとり親になる方へ。


ワンオペは、一人ではありません。

ひとり親も、けっして一人ではありません。


いや、僕の場合、実際に普段は保育園やスーパーと家の往復のみで、他人としゃべることといえば「こんにちは」「ありがとうございます」のみ。

それが1週間つづくことも珍しくありません。

寂しさや、社会に取り残された感じがして、心が折れそうになる時もあります。

でも、それを紛らわすために、今は子どもが言葉の意味を理解してくれなくても、いろいろ話しかけてみましょう。

その分、おうきはよくおしゃべりしてくれるようになりました（笑）。


つまりワンオペ育児とは、**子どもが親の人生の相手をしてくれているワンオペレーション側でもある**と僕は考えています。

そして、子どもが親である自分も成長させてくれているのだと思うようになりました。

我が家の場合、生後間もない赤ちゃんの時に親たちが夫婦で過ごしていた記憶などないんです。

だから、この現状が子どもにとっては「当たり前」の世界。寂しいと感じているのは、親である僕の方かもしれません（笑）。

そんな寂しさを紛らわせ、一番の理解者になってくれるのが、子どもなのです。

それから、同じような境遇同士の語り合いは、大きなストレス解消になります。

特にシングルファザーは、どうしてもママ友との関わり合いには消極的です。僕自身がそうでした。

でも、インスタグラムのＤＭでさまざまな方とつながることができ、お互いの経験談を交わすことで、気持ちに余裕が生まれました。

今後は人をつなぐコミュニティを立ち上げて、オンライン情報交換会や飲み会なども開催していく予定です。

そして、何より自分に関わってくれたすべての方（もちろん、我が子を含めて）に感謝の心で接していれば、さらに気持ちに余裕ができます。

その余裕を、皆で一緒に楽しみましょう！

大きくなったおうきへ

最後にこの場を借りて、おうきへのメッセージを伝えさせてください。

僕たちが2人暮らしを始めてから、いつも不思議に思うことがありました。

おうきは覚えていますか？　覚えていないですよね。

恐らく僕が不安に駆られて落ち込んでいる時や、それを表情に出してしまっている時、おうきは決まって、

「パパ笑ってる？」「パパ笑ってる〜？」

と声をかけてくれたのです。

最初は、「え、何言っているの？」と不思議に思っていました。

でも、僕がまたマイナスのオーラや表情を漂わせていると心配そうな顔をして近づいてきて、僕の肩に手をかけ、笑っているか聞くのです。

そのたびに、僕は心が穏やかになり、パッと笑顔を戻すことができました。

あれは一体、なんだったのでしょうか？

「おうちゃんに何か教えた？」と、両親や担任の保育士さんに聞いたこともあります。

正直に言うと、ひとり親による虐待が多い昨今、僕が精神的に疲れ果て、追い詰められた先の最悪な状態を避けるため、誰かがこっそり、「もしもパパが怒っていたり悲しい顔をしていたりしたら、笑ってる？　って聞くんだよ」と教えたのかと思っていました（笑）。

「え〜、それは初めて聞いたなぁ。そんなこと教えてないよ」と両親。

「そういったことは教えないです。けど、それはちょっと不思議ですね」と保育士さん。

もしかしたら、2歳の子なりに心配して、これを言えば大丈夫だろうという防衛本能のもと、魔法の言葉と認識して使ってくれていたのかもしれません。

幼いおうきなりに気を遣っていたんだ。

そして、おうきなりに考えてくれたんだ。たった2歳の子が。

そう思うと涙が止まりませんでした。慣れないワンオペで疲れきっていた時、パパはあの声かけに心の底から助けられました。

おうき、本当にありがとう。愛しているよ。

これからも一緒に生きていこうね。

がんばるぞー！

そして最後に――謝辞

お忙しい日々のなか、この本を手にとっていただいて本当にありがとうございます。

「ワンオペ育児」という言葉が２０１７年に流行してから、はや7年。

地域の皆さんで助け合いながら子育てをしていた時代から、今は何があるかわからない時代になり、自然と周りとの付き合いも減っています。

ひとり親家庭のなかには、自分の親にも頼れない、保育園や幼稚園にも通わせられない、子どもも１人ではない……など、僕よりもっと大変な立場の方がはるかに多いと思います。

本当にお疲れさまです。

さらに昔はネットやＳＮＳの情報に頼ることもできませんでしたから、試行錯誤しながらがんばって子育てされてきた方も多かったことと思います。

そんな方々に敬意を表しつつ、すべての子育てには、それぞれの親の考える子どもへの愛や思いが必ずあると僕は信じています。

子育ての辛さや価値観も人それぞれ違いますが、この本が少しでも多くのご家庭の参考になるなら、これほどうれしいことはありません。

そして僕も含め、たくさんの親が育児を楽しめるようになることを、心から願っています。

2024年　6月

二か月のパパ

二か月のパパ

1981年生まれ。18歳でパチンコ店に勤務したのち、25歳で飲食店経営者となるも挫折。27歳からコールセンターに勤務。2018年、37歳でシングルマザーと結婚。一児をもうけるも息子が生後二か月の時に離婚。2020年、シングルファザーを題材としたYouTubeチャンネル「二か月のパパ」を開設。

息子《むすこ》が生《う》まれてすぐシングルファザーになった僕《ぼく》の

365日《にち》ワンオペ日記《にっき》

2024年6月27日　初版発行

著　者　二《に》か月《げつ》のパパ
発行者　山下直久
発　行　株式会社KADOKAWA
〒102-8177　東京都千代田区富士見2-13-3
電話0570-002-301(ナビダイヤル)
印刷所　図書印刷株式会社
製本所　図書印刷株式会社

●お問い合わせ
https://www.kadokawa.co.jp/(「お問い合わせ」へお進みください)
※内容によっては、お答えできない場合があります。
※サポートは日本国内のみとさせていただきます。
※Japanese text only.
定価はカバーに表示してあります。

ISBN 978-4-04-606277-2　C0095